Fundamentals of Management Accounting

管理会計基礎論

吉田康久［著］
Yoshida Yasuhisa

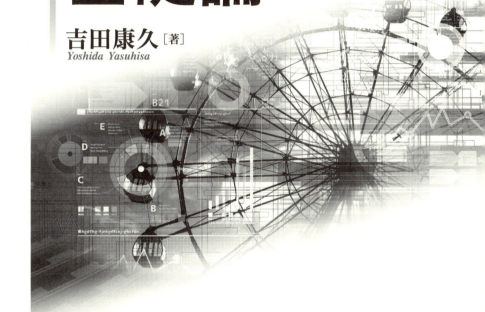

中央経済社

はじめに

　管理会計を初めて学習するときに，理解を妨げるのが，難しい専門用語が文章のなかで多様使いされていることである。学習書を読んでもわからない用語が羅列されていると，その用語を別途に調べるという余計な負荷がかかってしまう。特に，まだ社会経験を通していない学生諸氏が管理会計の学習を高度な専門書を用いて行う場合，企業という組織の実態における知識をあまり持ち得ていないので，思うほどに理解が進まないことがある。

　そこで，本書では，なるべく高度な専門用語の使用を避けることを試みている。また，多くの文章（文字列）を書き連ねることも控えている。管理会計の学習において，まず理解を助けてくれるのは，学習内容を頭のなかでイメージすることである。学習内容のイメージ化は，理解のスピードを高めてくれる。

　よって，各章では，イメージ化を促進させるために，文章よりも図や表ならびにインデックスを豊富に盛り込んでいる。学習にあたっては，図や表ならびにインデックスから，内容の大意を掴むことを心がけるのが要である。文章を読み，それをもとに図や表ならびにインデックスを見て，頭のなかで大意がイメージできれば，本書の意図は達成される。

　本書の構成は，章という区切りの他に，講義という30の区切りを別途に設けている。各章は，内容の大まかな分類であるが，講義の区切りは，本書を30回で理解できるように，また，1回あたりの学習時間が90分程度で可能になるような体系に整えている。本書の学習にあたっては，90分の学習を30回行えば，管理会計の概要を把握できることを想定している。

　是非，本書を使用して，管理会計の概要を掴み，さらなる管理会計の学習へと意識を進めてほしい。筆者は，それを願っている。

2016年8月

吉 田 康 久

目　次

第1章　管理会計の意義 ——————————————— 1

講義1◆ 管理会計の存在
【1】管理会計の基礎的見解・2
【2】管理会計の階層区分・3
【3】管理会計の基点・4
【4】管理会計の領域・5

講義2◆ 管理会計の意味付け
【1】財務会計の位置付け・6
【2】管理会計の位置付け・7
【3】管理会計による企業価値・8
【4】企業価値の一般的見解・9
【5】経営管理のプロセス・10
【6】経営管理環境の複雑性・11

第2章　管理会計の目的適合性 ——————————— 13

講義3◆ 企業価値の創造
【1】企業価値の評価方法・14
【2】コストアプローチによる企業価値評価・15
【3】マーケットアプローチによる企業価値評価・16
【4】インカムアプローチによる企業価値評価・17
【5】株主価値・18
【6】のれん（超過収益力）・19
【7】財務分析・20
【8】財務分析の指標・21

【9】財務分析の方法・22
【10】財務分析の偏重・23

第3章 原価概念と原価統制 ──────── 25

講義4 ◆ 原価の概要
【1】原価計算の意義・26
【2】原価要素の分類・27
【3】製造直接費・製造間接費と原価の関係・28
【4】原価と費用の認識観・29
【5】原価の多様性・30
【6】変動費と固定費・31
【7】全部原価と部分原価・32
【8】実際原価・標準原価・予定原価・33
【9】特殊原価・34
【10】原価性と非原価性・35

講義5 ◆ 標準原価管理の理解
【1】科学的管理法・36
【2】標準原価計算制度の理念・37
【3】標準原価計算制度の仕組み・38
【4】標準原価計算制度の目的・39
【5】標準原価の本性・40
【6】原価低減への志向・41

講義6 ◆ 原価差異の分析
【1】原価差異の類別・42
【2】原価差異の種類・43
【3】直接材料費差異の測定法・44
【4】直接材料費差異の測定・45
【5】直接労務費差異の測定法・46
【6】直接労務費差異の測定・47

【7】製造間接費差異の測定法・48
　　　【8】製造間接費差異の測定・49
　講義7◆ キャパシティーコスト
　　　【1】キャパシティーコスト・50
　　　【2】キャパシティーの水準と消費・回収・51
　　　【3】キャパシティーコストの配賦（理論的水準）・52
　　　【4】キャパシティーコストの配賦（実際達成可能水準）・53
　　　【5】キャパシティーコストの回収と損益との関係・54
　　　【6】原価の資産退避・55
　講義8◆ アイドルキャパシティーコスト
　　　【1】アイドルキャパシティーコストは虚構とする見解・56
　　　【2】アイドルキャパシティーコストは必然とする見解・57
　　　【3】アイドルキャパシティーコスト論争の背景・58
　　　【4】アイドルキャパシティーコストの特質・59

第4章　損益分析 ―――――――――――――― 61

　講義9◆ 損益分析の基本型
　　　【1】CVP分析で扱う原価・62
　　　【2】直接原価計算による損益計算書様式・63
　　　【3】直接原価計算による意思決定・64
　　　【4】利益図表の型・65
　　　【5】損益分岐点の公式・66
　　　【6】目標利益達成の公式・67
　　　【7】損益計算の解法・68
　　　【8】損益計算書の表示・69
　講義10◆ 損益分析の手法
　　　【1】CVPによる応用分析法・70
　　　【2】安全余裕率分析・71
　　　【3】レバレッジ分析・72

【4】レバレッジ係数の作用・73
　【5】製品ミックス分析・74
　【6】製品ミックス分析の計算（販売構成比別）・75
　【7】製品ミックス分析の計算結果・76
　【8】製品ミックス分析の計算（売上高構成比別）・77
　【9】製品ミックス分析の計算結果・78
　【10】製品ミックスの限界利益図表・79

第5章　責任会計と業績評価 ―― 81

講義11 ◆ 責任会計の表層
　【1】責任会計・82
　【2】責任センター・83
　【3】責任センターの外観・84
　【4】責任センターの指標・85
　【5】指標の分析・86
　【6】指標分析値・87

講義12 ◆ 業績評価の必要性
　【1】組織の展開・88
　【2】事業部制組織・89
　【3】事業部の譲渡・買収・合併・90
　【4】事業部の業績評価指標・91
　【5】事業部の認識観・92
　【6】残余利益・93
　【7】資本コスト・94
　【8】残余利益の計算・95

第6章　利益管理 ——————————— 97

講義13 ◆ 利益管理の体系
【1】利益計画策定に用いる分析・98
【2】製品市場分析・SWOT分析・99
【3】環境分析・インパクト分析・100
【4】ポートフォリオ分析・101
【5】タックスシールド・102
【6】タックスシールドの認識・103

講義14 ◆ 加重平均資本コスト（WACC）
【1】加重平均資本コスト（WACC）・104
【2】WACCの計算・105
【3】WACCの算出表（個別資本コスト）・106
【4】WACCの算出表（平均資本コスト）・107

講義15 ◆ 経済的付加価値（EVA）
【1】経済的付加価値（EVA）・108
【2】EVAの算出・109
【3】EVAの算出表・110
【4】残余利益と投資利益率の背反事象・111

第7章　投資意思決定 ——————————— 113

講義16 ◆ 投資意思決定の評価方法
【1】投資の類別・114
【2】投資意思決定に必要な割引現在価値・115
【3】投資の評価方法・116
【4】原価比較法・117
【5】投資利益率法・118
【6】回収期間法・119
【7】内部利益率法・120

【8】現在価値法・121

講義17 ◆ 投資意思決定評価法の計算1
【1】原価比較法による算定・122
【2】投資利益率法による算定・123
【3】投資利益率法の平均投資額・124
【4】回収期間法による算定・125

講義18 ◆ 投資意思決定評価法の計算2
【1】係数表・126
【2】内部利益率法による算定・127
【3】年金現価係数の採用・128
【4】現在価値法による算定・129

第8章 価格決定 ———————————————— 131

講義19 ◆ 価格決定の考え方
【1】価格決定モデル・132
【2】価格決定の案件と類別・133
【3】競争状況・消費需要・134
【4】消費者効用・社会的責任・ブランド・135
【5】すくいあげ価格・スライトダウン価格・浸透価格・136
【6】セグメント別価格・せり価格・137

講義20 ◆ 価格決定の計算
【1】価格決定会計・138
【2】全部原価法・139
【3】総原価法・140
【4】売上利益率法・141
【5】目標投資利益率法・142
【6】CVP法・143

第9章　経営意思決定 ———————————— 145

講義21 ◆ 経営意思決定の期待値
【1】経営意思決定のリスク・146
【2】期待値・147
【3】期待効用・148
【4】期待効用の分析・149
【5】情報価値による期待値・150
【6】情報価値による分析・151

講義22 ◆ プロダクトミックス分析
【1】プロダクトミックス・152
【2】プロダクトミックスの概観・153
【3】制約下でのプロダクトミックス・154
【4】線形計画法（図解法）・155
【5】線形計画法（図解法）の導出・156
【6】線形計画法（図解法）様態・157

講義23 ◆ 特殊原価調査
【1】経営意思決定の特殊原価・158
【2】特殊原価の計算・159
【3】自製か購入かの経営意思決定（単品）・160
【4】自製か購入かの決定・161
【5】自製か購入かの経営意思決定（複数品）・162
【6】自製と購入の組み合わせの決定・163

講義24 ◆ 在庫管理
【1】経済的発注量分析（EOQ分析）・164
【2】発注費用と保管費用・165
【3】経済的発注量・166
【4】定量発注点方式と定期発注点方式・167
【5】パレートの法則・168
【6】ABC分析・169

第10章　予算管理 ——————————————— 171

講義25 ◆ 予算管理の事例
【1】予算管理・172
【2】ゼロベース予算・補正予算・173
【3】予算差異（販売価格差異・販売数量差異）・174
【4】販売価格差異・販売数量差異の分析・175
【5】セールスミックス差異・総販売数量差異・176
【6】セールスミックス差異・総販売数量差異（加重平均）・177
【7】総販売数量差異（一括）・178
【8】セールスミックス差異・総販売数量差異の分析・179
【9】セールスミックス差異・総販売数量差異の算出1・180
【10】セールスミックス差異・総販売数量差異の算出2・181
【11】セールスミックス差異・総販売数量差異の分析（加重平均）・182
【12】セールスミックス差異・総販売数量差異の算出（加重平均）1・183
【13】セールスミックス差異・総販売数量差異の算出（加重平均）2・184
【14】総販売数量差異の算出（加重平均）3・185

第11章　キャッシュフローと資金管理 ——————————————— 187

講義26 ◆ キャッシュフロー
【1】キャッシュフローの意義・188
【2】キャッシュの増減構造・189
【3】仕訳によるキャッシュの増減認識・190
【4】キャッシュフロー計算書・191

講義27 ◆ キャッシュ・コンバージョン
　【1】キャッシュ・コンバージョン・サイクル・192
　【2】オペレーティング・サイクル・193
　【3】キャッシュ・コンバージョン・サイクルの測定・194
　【4】キャッシュ・コンバージョン・サイクルの導出・195

第12章　管理工学と管理会計の展開 ─────── 197

講義28 ◆ 活動原価会計
　【1】活動原価会計・198
　【2】計算制度の仕組み・199
　【3】活動原価の配賦・200
　【4】経営資源の消費と未消費・201
　【5】活動原価会計の配賦計算・202
　【6】活動原価会計・配賦計算の導出・203

講義29 ◆ 管理会計の工学性
　【1】ライフサイクル・コスティング・204
　【2】品質原価計算・205
　【3】原価企画・206
　【4】ジャスト・イン・タイム・207

講義30 ◆ 管理会計の展開
　【1】バランスト・スコアカード・208
　【2】インタンジブルズ・209

（資　料）　終価係数表・211
　　　　　　現価係数表・212
　　　　　　年金終価係数表・213
　　　　　　年金現価係数表・214
　　　　　　減債基金係数表・215
　　　　　　資本回収係数表・216

索　引・217

第1章

管理会計の意義

本章のポイント

講義1 ● 管理会計の存在

- ☐ 管理会計の知識は，日常生活でも応用できる。
- ☐ 管理会計においては，原価情報が重要。
- ☐ 管理会計は，組織のさまざまな場面で利用価値がある。

講義2 ● 管理会計の意味付け

- ☐ 管理会計は，企業の自由裁量で実施する。
- ☐ 管理会計の実践は，企業価値を高める。
- ☐ 管理会計は，時代とともに発展する。

講義1　管理会計の存在
【1】管理会計の基礎的見解

◆ 基礎的見解

　管理会計の一般的な見解として，それは「**経営者や管理責任者，一般従業員など，組織の内部に帰属する者に対して，経営上の判断に有用な情報を，会計数値として提供する会計技法である**」というものがある。この見解によると，管理会計の利用者は，組織を構成するすべての構成員のことを示しているものと理解することができる。さらに，その組織は，営利法人や非営利法人を問わず，また，会計数値を利用して判断する主体として，私人単位（個人）をも排除しない。これは，会計数値によって判断が求められる局面が，何らかの組織実態に制約されないことを意味する。

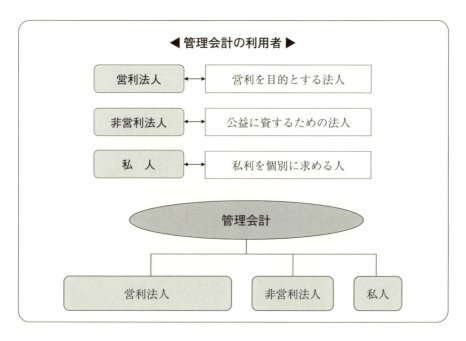

講義1　管理会計の存在

【2】管理会計の階層区分

◆ 階層区分

　管理会計の実施において，その機能の基軸となるのが，**統制**（control）である。経営上の判断は，管理会計によって提供される会計情報に収斂され，統制されるが，組織には管理上の階層が認められるため，階層ごとで扱う会計情報が異なる。いわば，トップマネジメント（経営者），ミドルマネジメント（管理責任者），ロワーマネジメント（一般従業員）であり，それぞれに統制すべき対象が相違する。そこで，経営者や管理責任者の階層における統制を**マネジメント・コントロール**（Management Control）とし，一般従業員の階層におけるそれを**オペレーショナル・コントロール**（Operational Control）として総称区分している。マネジメント・コントロールには，統制の他に計画の機能があるとして，"management planning and control"との表現がある。

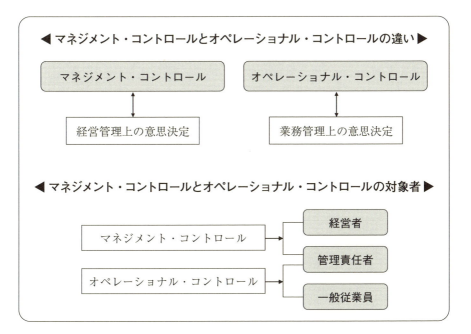

講義1　管理会計の存在
【3】管理会計の基点

◆　**基点情報**

　管理会計は，経営上の判断に有用な情報を，会計数値として提供することであるが，その会計数値の基点は原価情報にあるといえる。原価情報なくして，経営上の意思決定は，多くの局面においてできないであろう。そして，管理会計では，さまざまな原価概念が採用される。原価概念には，**一般概念**と**特殊概念**がある。

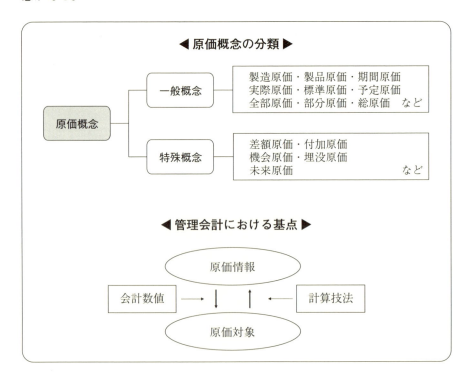

講義1　管理会計の存在

【4】管理会計の領域

◆　多様な領域

　管理会計が提供する情報によって，経営上の判断を行う領域は多岐にわたり，経営戦略の計画などに関わる経営管理上の意思決定や，業務手順の改善などに関わる業務管理上の意思決定，また，生産・流通・販売・投資・財務などの職能的な部局，そして，製品・サービス・プロジェクト・事業部などの対象実態にまで適用される。

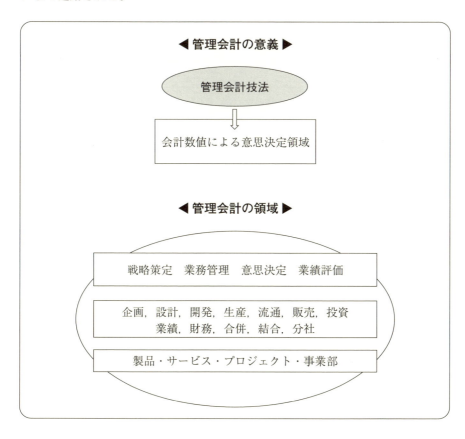

講義2　管理会計の意味付け
【1】財務会計の位置付け

◆　**財務会計の規範性**

　財務会計の基礎的要件は，貸借対照表や損益計算書，株主資本等変動計算書，キャッシュフロー計算書などの財務諸表を作成し，利害関係者（ステークホルダー）に開示することである。利害関係者は，この財務諸表によって自身と他の関係者との利害調整を図ることが要請される。そのため，財務諸表の作成は，社会規範となる法制度によって制約を受けることを免れない。財務会計の周辺法規として代表されるものに，会社法と金融商品取引法，そして法人税法がある。また，周辺法規に準拠すべき会計慣行（慣習法）として，会計基準がある。財務会計では，これらの関係性を**トライアングル体制**と総称している。

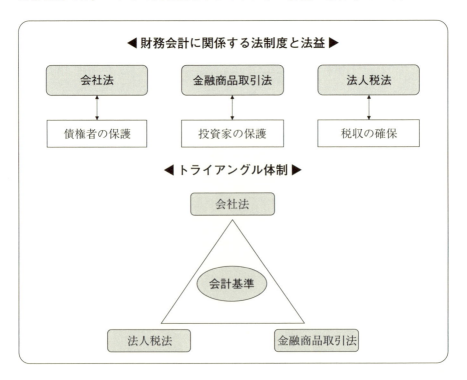

講義2　管理会計の意味付け

【2】管理会計の位置付け

◆　**管理会計の任意性**

　管理会計は，財務会計のように規範性が維持されているものではなく，その実施は任意となっている。組織の自由裁量によって，実施の是非が決定できる。いわば，組織が管理会計の実施の必要性を認識しない場合は，もはやその存在は，無意味となる。組織が管理会計の実施の必要性を認めることができるか否かは，経営管理上あるいは業務管理上で，会計数値にもとづく意思決定の必要性かつ重要性が認知できているかどうかに依拠する。ただし，管理会計を実施すれば，必ず的確な意思決定を行うことができ，結果として経営活動が成功裏に導かれることを保証するものではない。**実施の任意性**とは，そこに立脚している。

　管理会計と財務会計に共通する概念として，**会計公準**がある。

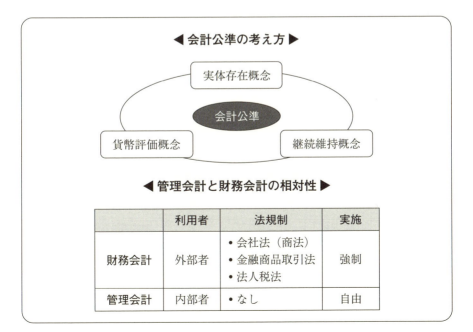

講義2　管理会計の意味付け
【3】管理会計による企業価値

◆ 企業価値の類別

　組織経営の目的は，その組織的な価値の向上にある。企業の場合，その価値を**企業価値**という。企業価値という場合，通常は3つに分類される。1つは，**経済価値**であり，2つは**社会価値**，そして3つは**組織価値**である。企業経営では，これらの3つが均衡的に向上することが望まれる。組織（企業など）は，利害関係者間の利害を調整するために，利益を追求することは一義的なものとして理解されるが，利益の追求のみに終始することは，社会的な存在性を是認されない。利益の追求における現代の多くの認識観は，利益の最大化ではなく，利益の適正化にあるといっても過言ではない。なぜなら，利益の最大化の追求は，同時に，消費者（関係者）の利益を害することがあるからである。

　また，組織（企業など）は，利益を追求する主体だけではなく，社会に貢献すべき主体としても認識される。これは，組織（企業など）は消費者（関係者）と共にあるという指向があるからである。さらに，組織（企業など）は，帰属する構成員の生活環境を向上させる責務があるものとしても考えられている。3つの企業価値の管理は，組織にとって重点課題である。

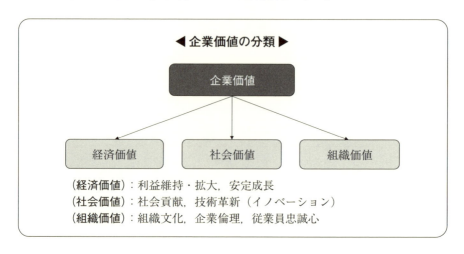

講義2　管理会計の意味付け

【4】企業価値の一般的見解

◆ 一般的見解

　企業価値が3つに分類されることに疑念を持つ必要はほとんどないといってよい。なぜなら，社会通念上で解釈することが容易だからである。3つの企業価値が熟成される背景には，企業のグローバル化が進み，国境がボーダレスになっていることがある。もはや，世界経済として観察する場合，企業の国籍は無意味化している。加えて，企業の所有関係も国境を越えて維持されている。世界的企業などにおいては，経営者や従業員などの国籍を問うことなど愚策となっているのが現実である。

◆ 企業は誰のものか

　企業は誰のものかという問いには，国ごとに文化的背景の違いによって幾分か異なるが，なかでも日本では会社の利害関係者を相対して認識している傾向が残存している。欧米の影響によって，企業は株主のものという観念が広まりつつあるが，その進展は早くない。

```
◀会社は誰のものか▶

アメリカ・イギリス　→　株主
ドイツ・フランス　　→　資本家（株主）・労働者
日本　　　　　　　　→　利害関係者
　　　　　　　　　　　　（株主・投資家・債権者）
　　　　　　　　　　　　（従業員・消費者・政府・地方自治体など）

◀企業価値の一般的見解▶

1）高品質で技術革新的な製品を，適正価格で社会に提供する。
2）市場占有率（マーケットシェア）を高め，安定的な地位を確保する。
3）生産性を向上させ，経営資源の最適化を図る。
4）環境破壊・反社会的な行動を誘発せず，社会的責任を果たす。
5）社会および企業に貢献できる人材を育成する。
6）従業員の生活を安定させ，生きがいを与える。
7）社会的な文化イノベーションを創造する。
8）国際的な貢献を果たす。
```

講義2　管理会計の意味付け
【5】経営管理のプロセス

◆ サイクルとしてのプロセス

　経営管理においては，組織のビジョンをもとに目的・目標のあり様を明確化し，組織戦略や行動スタンスなどを策定し，策定されたものを実現するために計画（plan）を立案し，それを実施（do）し，実施段階ならびに実施後をチェック（check）し，改善課題があればそれを是正する行動（action）を行う。このような経営管理の循環を，**PDCAサイクル**と総称している。PDCAサイクルは，経営管理上および業務管理上のいずれの場合でも用いられる概念である。PDCAサイクルの実施においては，**クリティカル・パス**を効率的にするための施策が欠かせない。

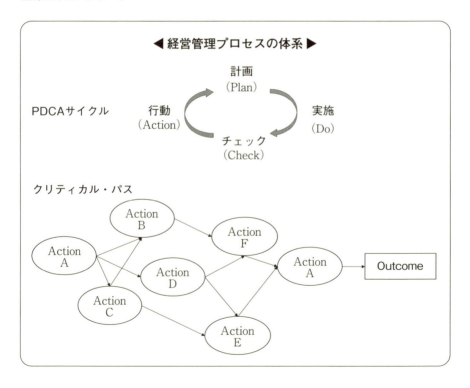

◀経営管理プロセスの体系▶

講義2　管理会計の意味付け

【6】経営管理環境の複雑性

◆ 複雑性の様相

　経営管理を行う環境は，急速に変遷し，複雑性を増している。近年は，無形の資産に対する評価の重要性が高まり，管理施策に影響を与えている。経営管理の環境は，単に財・サービスを提供することが重点化されていた規模の経済から，範囲の経済，そしてスピードの経済，さらには情報の経済へと進展し，視覚評価から情報価値評価へと変容し，無形価値の重要性が高まっている。最近では，レピュテーションといった，消費者評価の基準が新たにアジャストされている。財・サービスの本質的な評価は，消費されて真価が問われる時代に突入している。いわば，財・サービスを評価し，公開する情報提供者が生産者から消費者に移行しているのである。この背景には，急速に発展するネットワーク・システムに依拠した**超情報化社会の形成**がある。無形の資産の創出とその管理に重点が置かれはじめた背景には，もはや，経済が成熟化し，財・サービスの質が平準化されたことがあると考えられる。

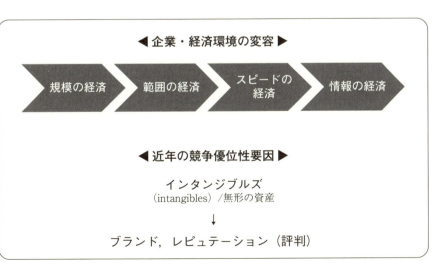

第2章

管理会計の目的適合性

本章のポイント

講義3 ● 企業価値の創造

- ☐ 企業価値の評価方法として,さまざまなものがある。
- ☐ 価値評価にあたっては,現在価値を考える必要がある。
- ☐ 財務分析は,評価の方法としてわかりやすい。

講義3　企業価値の創造
【1】企業価値の評価方法

◆ **評価の方法**

　企業価値を評価するにあたっては、3つのアプローチが提唱されている。コストアプローチとマーケットアプローチ、そしてインカムアプローチである。

　コストアプローチは、評価対象企業の貸借対照表における純資産を評価することによって価値を算定しようとするものである。この場合、簿価で行うか、あるいは時価で行うかの問題があるが、時価で行うべきとの見解が主流である。

　マーケットアプローチは、類似する他社の財務的な分析値を、評価対象企業にも準用して価値を算定しようとするものである。類似するという観点から、財務的な分析値も同じであるという仮定を設けることが特徴である。

　インカムアプローチは、評価対象企業が将来的に得られるであろう収益を見積もって、価値を算定しようとするものである。このアプローチは、将来予測であるため不確実性が伴うが、価値評価という観点から最も感覚的理解および合理的説明が成り立つものとして認識されている。

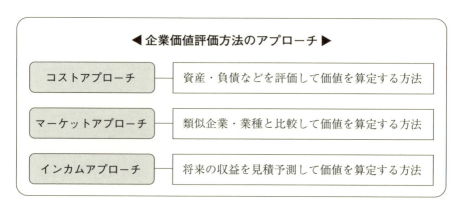

◀企業価値評価方法のアプローチ▶

コストアプローチ	資産・負債などを評価して価値を算定する方法
マーケットアプローチ	類似企業・業種と比較して価値を算定する方法
インカムアプローチ	将来の収益を見積予測して価値を算定する方法

講義3　企業価値の創造

【2】コストアプローチによる企業価値評価

◆　コストアプローチ

　コストアプローチでは，純資産評価において簿価を用いる場合を**簿価純資産法**とし，また，時価を用いる場合を**時価純資産法**として称されていることが多い。

　しかし，この2つの方法を準用して企業価値評価を行うにあたって，その資産・負債項目の取扱いに若干の相違があるのが通例で，完全なる画一的方法が存在しているわけではない。

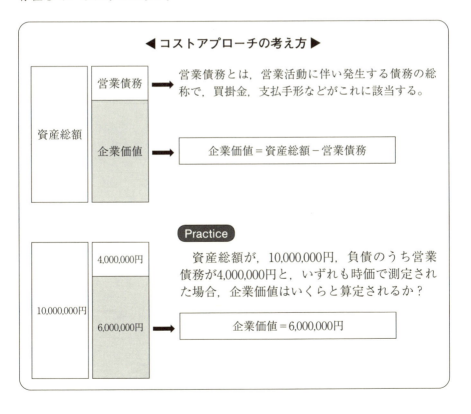

講義3　企業価値の創造

【3】マーケットアプローチによる企業価値評価

◆　マーケットアプローチ

マーケットアプローチは，類似企業の財務指数を参考にして評価対象企業の価値を算定する方法であり，**類似企業比較法**や**類似業種比較法**，**マルチプル法**などがある。マルチプル法は株価指数を中心に扱う方法で，株価倍率法とも称される。類似業種比較法については，国税庁などがその指数を開示している。

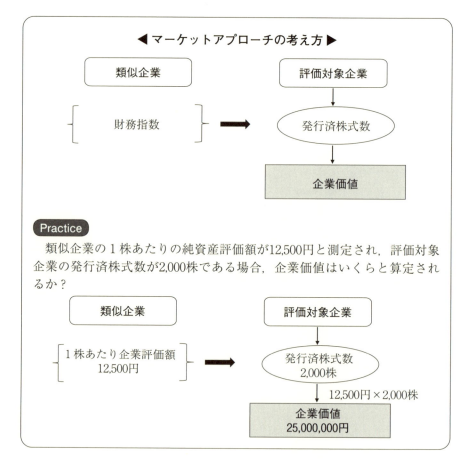

講義3　企業価値の創造

【4】インカムアプローチによる企業価値評価

◆　インカムアプローチ

　インカムアプローチは，評価対象企業が将来において得られるであろう収益（Cash Flow：キャッシュフロー）などを合理的に見積もって価値を算定する方法であり，**DCF法**や**収益還元法**などがある。**DCF**（Discounted Cash Flow）とは，将来収益を現在の価値に割り戻すことであり，その割り戻すための係数を**割引率**という。また，将来収益を得るために必要な資本にも，利子や配当利回りなどの資本コストが不可欠であるため，それを割り引くことも必要となる。インカムアプローチは，将来収益に不確実性が伴うため，主観的評価となることは否めない。

◀インカムアプローチの考え方▶

【割引率　6％】

年	キャッシュフロー	現価係数	現在価値
1	1,000,000円	0.9434	943,400円
2	1,000,000円	0.8900	890,000円
3	1,000,000円	0.8396	839,600円

Practice

　買収価額が5,000,000円の企業の将来3年間における収益予測は，1年目が2,000,000円，2年目が3,000,000円，3年目が1,000,000円である。企業価値はいくらと算定するか？

年	キャッシュフロー	現価係数	現在価値
0	−5,000,000円	1	−5,000,000円
1	2,000,000円	0.9434	1,886,800円
2	3,000,000円	0.8900	2,670,000円
3	1,000,000円	0.8396	839,600円
		企業価値	396,400円

講義3　企業価値の創造
【5】株主価値

◆　**株主価値**

　株主価値は，企業の**株主の持分**を示し，それは株価に反映されるため，株主にとっては大きな関心事になる。なかでも，株式時価総額などの最大化は，中心課題でもある。そして，株主価値の増大は，株主の資産価値の増大と直結している。株主価値は，企業価値から有利子負債を差し引いて算定する。有利子負債は，債権者の持分とされ，株主価値は**最終的に株主に残存する持分**でもある。

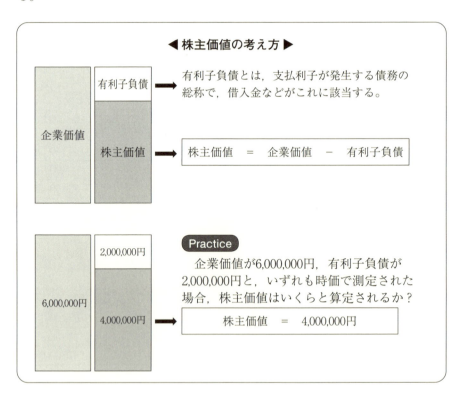

講義3　企業価値の創造

【6】のれん（超過収益力）

◆ のれん

のれんは，企業の買収・合併にあたって，その買収価額と被買収企業の企業価値との差額として算定される。のれんは，**超過収益力**とも称され，これまでの企業が稼得・蓄積した，顕在化かつ潜在している企業に固有の優位性を意味する。しかし，当該優位性を貨幣金額で測定・評価することには困難性が伴い，主観的評価がやはり介在する。企業を買収・合併する場合は，現時点で顕在化している価値評価だけではなく，潜在している超過収益力を見越すため，可視的な資産・負債より高い評価額が算定されることが多い。

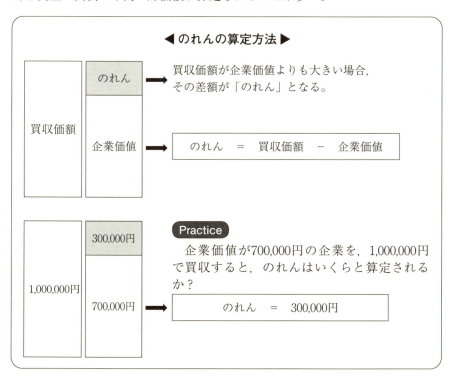

◀のれんの算定方法▶

買収価額が企業価値よりも大きい場合，その差額が「のれん」となる。

のれん ＝ 買収価額 － 企業価値

Practice

企業価値が700,000円の企業を，1,000,000円で買収すると，のれんはいくらと算定されるか？

のれん ＝ 300,000円

講義3　企業価値の創造
【7】財務分析

◆ 財務分析

　財務分析とは，財務諸表などに記載されている財務数値を用いて，目的ごとに分析することをいう。財務諸表には，企業の活動成果が包括的かつ網羅的に表現されている。財務諸表を読み解くことは，経営意思決定上で重要となる。

　財務分析は**内部分析**と**外部分析**に区分され，利害関係者の目的ごとに異なる数値の採用や分析法が用いられる。

講義3　企業価値の創造

【8】財務分析の指標

◆ 財務分析の指標

　財務分析の指標として，最も一般的なものとして，**投資利益率**がある。この分析指標は，端的に投資による利益の効率性を判断するものである。

◀財務分析▶

〔財務指標の分析〕

（投資利益率）
ROI：Return on Investment

$$投資利益率 = \frac{利益}{投資額} = \left[\frac{利益}{売上高} \times \frac{売上高}{投資額} \right]$$

（売上高利益率）　（資本回転率）

貸借対照表

損益計算書

講義3　企業価値の創造
【9】財務分析の方法

◆ 財務分析の方法

　財務分析は，貸借対照表や損益計算書，キャッシュフロー計算書などの財務数値を用いて行う。財務分析では，既存でも数多くの公式が示されており，目的に応じて使い分ける必要がある。

> **Practice**
>
> 以下の貸借対照表と損益計算書の数値を用いて，投資利益率を計算する。
>
>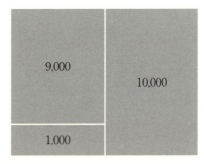
>
> $$\frac{利益}{投資額} = \left[\frac{利益}{売上高} \times \frac{売上高}{投資額} \right]$$
>
> $$12.5\% = \frac{1,000}{10,000} \times \frac{10,000}{8,000}$$
>
> （投資利益率）　（売上高利益率）（資本回転率）
> 　　　　　　　　　　10％　　　　1.25回

講義3　企業価値の創造

【10】財務分析の偏重

◆ 偏重の見解

　財務分析の指標は，万能ではなく，それぞれに分析の目的性があり，分析の目的に合わせて解釈を変える必要がある。ある1つの公式をもって，意思決定を行うことは避けなければならない。企業利益の配当を重視する場合と企業の成長を重視する場合に，1つの公式をもって判断を行うと，時には逆行する結果を招くことがある。

◀財務分析指標活用の留意点▶

株主配当を重視
　→　短期利益を追求する経営思想に陥る

企業成長を重視
　→　長期利益を追求する経営思想になる

株主配当重視型	企業成長重視型
投資利益率の採用	社内留保を増大化
↓	↓
設備投資が減少	設備投資を拡大
↓	↓
研究開発が低迷	研究開発を奨励
↓	↓
新規製品の開発遅延	革新的製品の開発
↓	↓
市場の喪失	市場の占有

第3章

原価概念と原価統制

本章のポイント

講義4 ● 原価の概要
- [ ] 原価には多くの種類が存在し，個別に概念がある。

講義5 ● 標準原価管理の理解
- [ ] 標準原価による管理は，最も一般的，かつ実施しやすい。

講義6 ● 原価差異の分析
- [ ] 標準原価と実際原価の原価差異を分析することには意義がある。

講義7 ● キャパシティーコスト
- [ ] キャパシティー（生産能力）の維持には費用が発生する。

講義8 ● アイドルキャパシティーコスト
- [ ] 遊休のキャパシティー（生産能力）も経営資源を消費している。

講義4　原価の概要
【1】原価計算の意義

◆　原価対象

　原価計算の対象のことを，原価対象と総称している。原価対象は，製品などの有形の物財だけではなく，無形のサービス，さらには経営管理上で必要とされ，対象化できるものすべてをいう。管理会計の基点として原価情報があることは，ここに解釈できる。

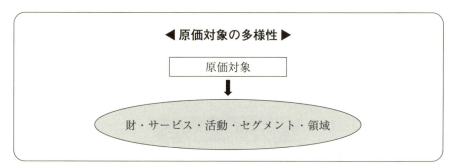

◆　原価計算の目的

　原価計算の目的は，財務会計と管理会計のそれぞれの観点から必要とされる。異なる目的によって，原価は目的適合性が異なってくる。

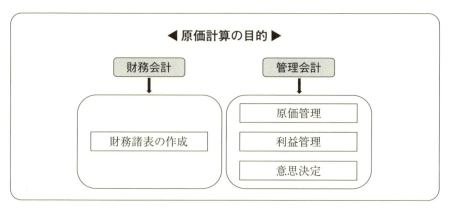

講義4　原価の概要

【2】原価要素の分類

◆　原価要素の形態別分類

　原価計算を行うために必要な原価要素を形態別に分類すると，**材料費**と**労務費**，そして**経費**に類別される。

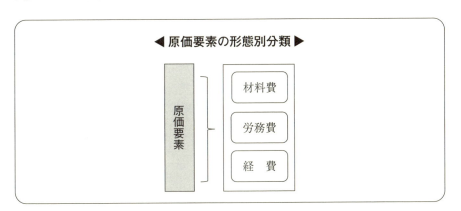

◆　原価要素の製品との関連における分類（直接・間接）

　3つの原価要素は，さらに，生産物（財・サービスなど）に対して，その消費が直接的であるか間接的であるかによって，**製造直接費**と**製造間接費**の2つに製品との関連において分類される。

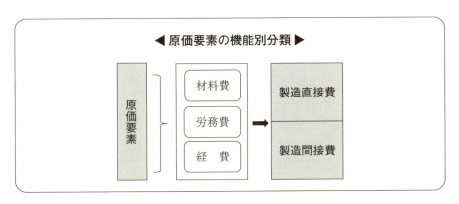

講義4 原価の概要
【3】製造直接費・製造間接費と原価の関係

◆ 原価との対応

　製造直接費とは，生産する特定の財・サービスなどに対して，その消費量を金額で測定・集計できる原価要素をいう。対して，**製造間接費**は，その消費量による金額を測定・集計できないか，もしくは，特定可能であっても，発生が軽微で特定して測定・集計することを要しない原価要素をいう。**製造原価**は，製造直接費と製造間接費をもって測定・集計し評価する。

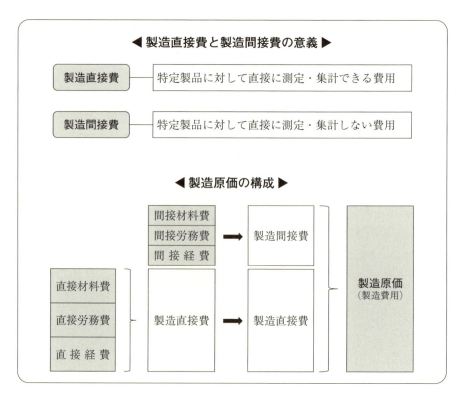

講義4　原価の概要

【4】原価と費用の認識観

◆ 費用から原価への認識観

　経済的価値（原価要素など）の消費は，会計上では先行して費用として認識される。材料費は，材料の使用（消費）によって費用処理され，労務費はその支払額をもって費用処理される。また，経費は，その発生額が費用処理される。経済的価値の消費は，まず，費用認識が先行して行われるため，製造過程で生じる経済的価値の消費を製造費用として認識する。そして，生産された財・サービスなどに経済的価値が認められる場合には，原価計算上でいう原価として改めて認識する。それが**製造原価**である。この製造原価を，製品ごとに配分したものが**製品原価**である。価値あるものを貨幣評価した数値が**原価**である。

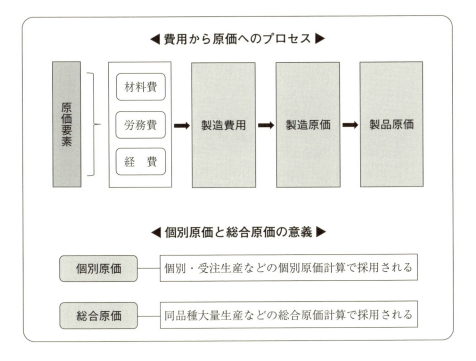

講義4　原価の概要
【5】原価の多様性

◆　総原価

原価計算制度では，製品となったものは販売を前提とするため，販売にかかる営業費用（販売費・一般管理費など）が発生する。ここで，製品などの製造原価に，販売費や一般管理費の営業費用を含めて，**総原価**と称している。当該製品の売上高から総原価を差し引くことで営業利益を認識する。

また，総原価を会計期間（通常1年）の期間で区切り，認識するものを**期間原価**と総称する。期間原価には，広義と狭義があり，その相違は，販売費と一般管理費に売上原価を含めるか否かの違いである。

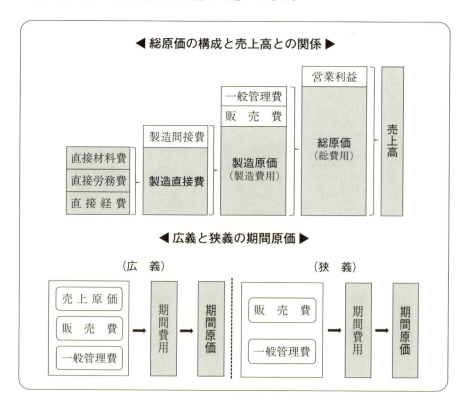

講義4　原価の概要

【6】変動費と固定費

◆ 原価要素の態様別分類

原価要素は，操業度との関連で，その態様の相違から**変動費**と**固定費**とに区分される。この操業度は，財・サービスの生産活動に比例して増加する活動量を示す。よって，操業度が増加（生産活動の増加）すると，発生額がそれに比して増加する原価要素を変動費とし，対して，操業度の増加に関係なく一定額が発生する原価要素を固定費とする。変動費でも，操業度がゼロであっても固定額が発生するものを含んでいる場合は**準変動費**とされ，固定費でも，ある操業度に達すると，発生額が一時的に増加し，その後また固定発生を繰り返す場合は**準固定費**とされる。

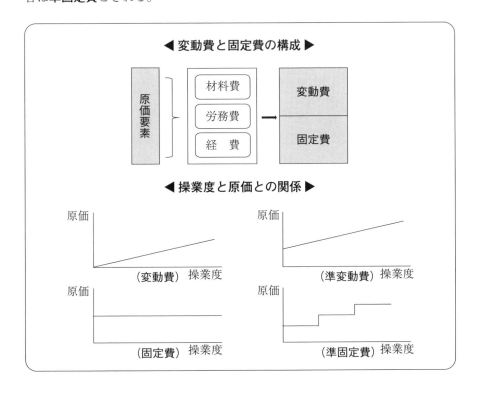

講義4　原価の概要
【7】全部原価と部分原価

◆　全部原価と部分原価の区別

　原価計算において，原価要素のすべてを原価として測定・集計して認識する場合，それを**全部原価**と称し，原価要素の一部を選択して測定・集計して認識する場合，それを**部分原価**と称している。

　直接原価計算制度における原価（直接原価）などは，変動費のみで測定・集計されているため，部分原価とされる。

　全部原価の計算では，固定費の配賦手続きが必要であるため，原価対象と固定費配賦との消費相関性が問われることになる。

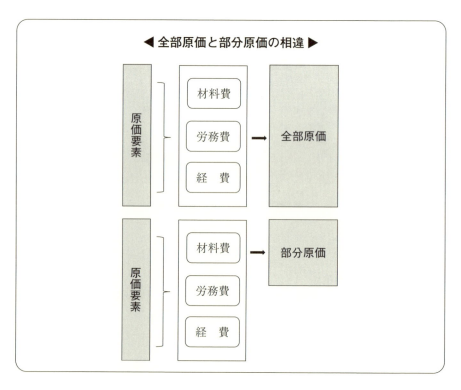

講義4　原価の概要

【8】実際原価・標準原価・予定原価

◆　原価の測定・評価概念

　原価計算を行う場合には，実際原価の他に，標準原価や予定原価を用いることがある。

　実際原価は，経済的価値の実際消費量に実際価格を乗じて求めるが，実際価格に代えて予定価格で行うことが容認されている。ここでは，実際消費量が用いられることが特徴である。

　標準原価は，過去の趨勢データを科学的に分析した結果による標準消費量に，予定価格を乗じて計算する。この予定価格は，正常価格に代えることができる。

　予定原価は，消費量および価格ともに予定値を見積もる。

　標準原価における標準値は，標準原価と実際原価を比較して，その差異を分析し，改定することがある。標準値は達成可能でなければならない。

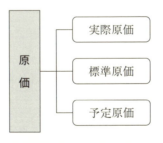

◀原価計算のタイミングによる原価の分類▶

原価 ─┬─ 実際原価
　　　├─ 標準原価
　　　└─ 予定原価

実際原価＝実際消費量×実際価格（又は予定価格）

標準原価＝標準消費量×予定価格（又は正常価格）

予定原価＝予定消費量×予定価格

講義4　原価の概要
【9】特殊原価

◆ 特殊原価の類別

　原価計算を通じて，管理会計では特殊原価を評価して，経営意思決定に役立てることが多い。特殊原価は制度上で認められているものではなく，また，その概念も限定的に画一化されているものではない。経営意思決定の必要に応じて評価されるものであり，原価計算制度に組み入れられてはいない。

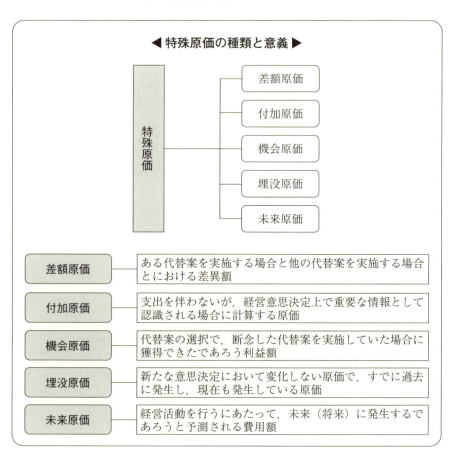

◀特殊原価の種類と意義▶

差額原価	ある代替案を実施する場合と他の代替案を実施する場合とにおける差異額
付加原価	支出を伴わないが，経営意思決定上で重要な情報として認識される場合に計算する原価
機会原価	代替案の選択で，断念した代替案を実施していた場合に獲得できたであろう利益額
埋没原価	新たな意思決定において変化しない原価で，すでに過去に発生し，現在も発生している原価
未来原価	経営活動を行うにあたって，未来（将来）に発生するであろうと予測される費用額

講義 4　原価の概要

【10】原価性と非原価性

◆　**原価性と非原価性**

　原価計算において，原価性が認められるのは，正常な状態のもとで消費された経済的価値であり，異常な状態を原因として消費された経済的価値は含まれない。さらに，経営目的に関連しないような事象における経済的価値の消費や税法上で特に認められているもの（特別措置法によるもの）および剰余金の処分などに関するものは原価性なしとして認識される。概ね，原価性を有する場合は，以下の3つで説明される。

❶　経済的価値の消費が，経営目的に関連して，正常な状態のもとで，財・サービスなどの生産過程で生じるものであること。

❷　経営過程において生産される財・サービスなどに，その消費を転嫁できる経済的価値であり，最終生産物および中間生産物を対象とすること。

❸　経営過程で生産される財・サービスなどに，直接的のみならず間接的であっても，その生産に関連している経済的価値の消費であること。

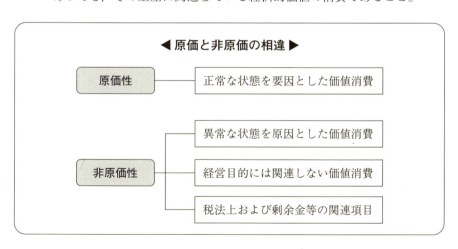

講義5　標準原価管理の理解

【1】科学的管理法

◆ 生産性の向上

　原価統制の観念については，フレデリックW.テイラーの科学的管理法が，今でも引き継がれている。科学的管理法の構築に至るまでの課題は，労働者の怠業を克服することであった。この労働者の怠業における命題は，現状の処遇（賃金額など）が改善されないなかでの作業効率の向上は，労働者にとってはマイナスの効果しかないという暗黙知の存在である。これは，労働者の心情に内在する本性であるとするのである。フレデリックW.テイラーは，労働者の観察を通じて，この本性にいちはやく気づき，次の格言を残している。「経営者に永続的な繁栄をもたらし，そして同時に労働者に最大の富をもたらすことが，管理の本質である」というのである。これは，現在でも労働者心理に根差している「経営者側と労働者側が双方に交わることはなく，平行線を辿る」という定説を払拭しようとしたに違いない。

　1911年に発行された『科学的管理法』によって，標準原価によって原価管理を行うという技法が，世に知らしめられることになった。現在においても，原価統制というとき，フレデリックW.テイラーによる管理の理念を抜きにして語ることはできない。

◀ 原価統制（Cost Control）▶

フレデリックW.テイラー
科学的管理法

↓

標準原価計算制度の生誕

講義5　標準原価管理の理解

【2】標準原価計算制度の理念

◆　標準原価計算制度の体系

標準原価計算制度がどのような制度であるかについて,「原価計算基準」に記載されている説明がわかりやすい。

> 　標準原価計算制度は, 製品の標準原価を計算し, これを財務会計の主要帳簿に組み入れ, 製品原価の計算と財務会計とが, 標準原価をもって有機的に結合する原価計算制度である。標準原価計算制度は, 必要な計算段階において実際原価を計算し, これと標準との差異を分析し, 報告する計算体系である。

◆　標準原価とは何か

標準原価計算制度でいう標準原価とは何かを,「原価計算基準」を参照すると, その存在的意義は, 達成させるべき目標となる原価である。ゆえに, 生産過程において, 予定された生産性（能率尺度）を厳守するべきことになる。標準原価計算制度が能率管理でもあることが理解できる。フレデリックW.テイラーが述べる作業能率の向上が思想として含有されている。

> 　標準原価とは, 財貨の消費量を科学的, 統計的調査に基づいて能率の尺度となるように予定し, かつ, 予定価格又は正常価格をもって計算した原価をいう。この場合, 能率の尺度としての標準とは, その標準が適用される期間において達成されるべき原価の目標を意味する。

講義5　標準原価管理の理解
【3】標準原価計算制度の仕組み

◆　**標準原価計算制度の仕組み**

　標準原価計算制度の実施にあたっては，まず，原価対象の原価標準を設定する必要がある。この**原価標準**は，製品でいうと1単位あたりの標準値であり，この数値が科学的に分析されて，決定されているのである。よって，達成すべき原価目標となる。そして，生産が完了すると，その生産量に1単位あたりの原価標準を乗じることで標準原価が計算される。

◀標準原価計算の概要と原価カードの例▶

標準原価計算制度

原価標準の設定
↓
製品等の単位原価

標準原価＝生産量×原価標準

Z製品・原価カード（原価標準）

	標準消費量	標準価格	金　額
直接材料費	2kg	100円	200円

	標準作業時間	標準賃率	金　額
直接労務費	0.5時間	800円	400円

	標準操業度	標準配賦率	金　額
製造間接費	0.5時間	1,200円	600円

	標準製造原価	1,200円

＊予定(価格や賃率など)を標準(価格や賃率など)として，ここでは表記している。

講義5　標準原価管理の理解

【4】標準原価計算制度の目的

◆　**標準原価計算制度の目的**

　標準原価計算制度の目的として，大きく3つのことがいわれている。1つ目は，標準原価と実際原価を比較分析することで実施可能となる**原価管理目的**，2つ目は，財務諸表作成上で求められる**財務情報の提供目的**，そして3つ目は，原価標準の設定により，生産の完了を待たずに原価計算を可能にする**手続きの迅速化目的**である。

> ◀標準原価計算制度の目的▶
>
> （1）原価管理目的
> （2）財務情報の提供目的
> （3）原価計算手続きの迅速化目的

◆　**標準原価の本質**

　原価標準により計算される標準原価は，科学的に過去の趨勢（過去の実績データ）を分析したものであり，その値には客観的な根拠がある。ゆえに，生産計画上で達成すべき"ありうるべき原価"として認識すべきものとなる。

> ◀標準原価の本質▶
>
> 　製品の製造実態を過去の趨勢にもとづき分析し，科学的かつ統計的に算定された原価である。
> 　算定された標準原価は，科学性をもつ標準として，ありうるべき原価の意義を持つことになる。

講義5　標準原価管理の理解
【5】標準原価の本性

◆　標準値の意義

　原価標準とされる標準値は，3つの値として類別され，それぞれに意義を有している。まずは，理論上で可能な数値があるが，これは理想的であるという意味を含有させているため，実現可能性を無視した**論理値**である。標準原価は，ありうるべき原価で，達成すべきものとなるため，実際に達成が可能な数値であるべきで，**可能値**として認識される。他に，制度の導入期などでは，制度そのものを実施可能にせしめることを優先させ，達成がある程度に可能な範囲で設定し，現状の改善効果をねらうことを含有した**改善値**がある。

```
◀標準値の意義▶

○理想標準　　　　→　理論値
○実際達成可能標準　→　可能値
○技術測定標準　　　→　改善値
```

◆　差異分析の礎石

　標準原価計算制度は，実施の過程で実際原価と標準原価を比較して，その差異を分析し，差異があれば，その是正措置を施す。

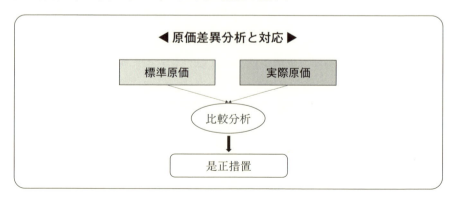

講義5　標準原価管理の理解

【6】原価低減への志向

◆ 原価低減

　標準原価計算制度の実施によって，期待される大きな効果として原価低減がある。生産量を同じとした場合，原価が低減することは，すなわち生産性が向上したものと認識する。フレデリックW.テイラーの科学的管理法は，まさにその生産性の向上を意図するものである。原価を低減させるためには，やはり材料費・労務費・経費の要素別に適した低減策が考えられなければならない。

(1) 材料費の低減

　工業製品などの大量生産品については，部品点数の削減や，製品間での部品の共通化や調達方法の変更，さらに部材の変更などが考えられる。

(2) 労務費の低減

　労働賃金の低価格市場への工場移転やワークシェアリング，また多能工の労働者雇用などの方法が考えられる。

(3) 経費の低減

　工場の稼働時間帯の変更や，在庫管理方法の変更など，発生する経費を抑制することが考えられる。

```
◀原価低減の方法▶

  材料費
    →部品点数の抑制→部品の共通化
    →部品材質の低減　etc.

  労務費
    →人件費の抑制→多能工の起用→作業改善　etc.

  経　費
    →稼働時間の変更→工場の移転　etc.
```

講義6　原価差異の分析
【1】原価差異の類別

◆ 原価差異の類別

　原価差異は，原価要素が材料費と労務費，そして経費から構成されているため，これらの3つの要素から生じることになる。材料費と労務費および経費は，直接費と間接費に区分され，間接費は製造間接費として集約され，一括処理をするのが便宜的である。ただ，経費については，その費目が概ね間接費として分類されるものが多く，直接経費を特に認識せずに製造間接費とするのが常である。よって，材料費から生じる原価差異は，直接材料費差異（原価差異）として測定・分析する。労務費についても，直接労務費差異（原価差異）を測定・分析する。製造間接費においては，予算と実績との原価差異を測定・分析する。

　材料費は，材料価格の差異による価格差異と，消費数量の差異による数量差異，労務費は労働者賃率の差異による賃率差異と作業時間の差異による時間差異，製造間接費差異は，予算と実績との差異による予算差異と能率差異そして操業度差異に分類する。

◀原価差異分析▶

直接材料費差異
（価格差異・数量差異）

直接労務費差異
（賃率差異・時間差異）

製造間接費差異
（予算差異・能率差異・操業度差異）

講義6　原価差異の分析

【2】原価差異の種類

◆ 原価差異の認識

認識する原価差異として，一般的には7つのものがあるが，それぞれに測定・分析が行われ，その解釈も異なる。分析された結果にもとづき，是正措置を施すことが，標準原価計算制度導入の要となる。

◀原価差異の意義と計算方法▶

価　格　差　異	標準価格と実際価格の相違として認識する。
数　量　差　異	標準消費量と実際消費量の相違として認識する。

価　格　差　異　＝　実際消費量×（標準価格－実際価格）
数　量　差　異　＝（標準消費量－実際消費量）×標準価格

賃　率　差　異	標準賃率と実際賃率の相違として認識する。
時　間　差　異	標準作業時間と実際作業時間の相違として認識する。

賃　率　差　異　＝　実際作業時間×（標準賃率－実際賃率）
時　間　差　異　＝（標準作業時間－実際作業時間）×標準賃率

予　算　差　異	実際操業度における製造間接費予算許容額と，製造間接費実際発生額との差額として認識する差異をいう。
能　率　差　異	標準作業時間と実際作業時間の相違による，能率上の消費額の差額として認識する差異をいう。
操業度差異	実際操業度と基準操業度の相違による固定費の配賦差額として認識する差異をいう。

予　算　差　異　＝　製造間接費予算許容額－製造間接費実際発生額
能　率　差　異　＝（標準操業度－実際操業度）×標準配賦率
操業度差異　＝（実際操業度－基準操業度）×固定費率

講義6　原価差異の分析
【3】直接材料費差異の測定法

◆　原価差異の認識

　直接材料費の原価差異である価格差異と数量差異は，図を用いれば容易に算定できる。計算要素として，価格と数量の2つを用いる。ここで，価格と数量の差異から生じる**混合差異**は，通常，算定の簡便性を考慮して価格差異に含めて認識する。

◀直接材料費差異分析図▶

	価格差異	混合差異
	標準直接材料費	数量差異

実際価格／標準価格　　標準消費量　実際消費量

◀直接材料費差異分析図（混合差異を価格差異に含める場合）▶

	価格差異	
	標準直接材料費	数量差異

実際価格／標準価格　　標準消費量　実際消費量

講義6 原価差異の分析

【4】直接材料費差異の測定

◆ 原価差異の測定

　直接材料費における標準価格と実際価格，そして標準数量と実際数量が与えられる場合，価格差異と数量差異は容易に算定できる。

Practice

以下の資料を用いて，直接材料費差異分析を行う。

直接材料費	標準消費量	標準価格	金　　額
	2kg	100円	200円

直接材料費	総実際消費量	実際価格	実際直接材料費
	6,480kg	101円	654,480円

直接材料費	総標準消費量
	6,400kg

（直接材料費差異分析図）

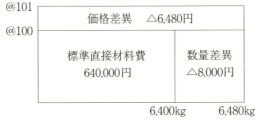

講義6　原価差異の分析
【5】直接労務費差異の測定法

◆　原価差異の認識

　直接労務費の原価差異である賃率差異と時間差異は，直接材料費と同様に，図を用いれば容易に算定できる。計算要素として，賃率と時間の2つを用いる。ここで，賃率と時間の差異から生じる**混合差異**は，通常，これも直接材料費と同じように，算定の簡便性を考慮して賃率差異に含めて認識する。

◀直接労務費差異分析図▶

	賃率差異	混合差異
実際賃率／標準賃率	標準直接労務費	時間差異

標準作業時間　実際作業時間

◀直接労務費差異分析図（混合差異を賃率差異に含める場合）▶

	賃率差異	
実際賃率／標準賃率	標準直接労務費	時間差異

標準作業時間　実際作業時間

講義6　原価差異の分析

【6】直接労務費差異の測定

◆　原価差異の測定

　直接労務費における標準賃率と実際賃率，そして標準時間と実際時間が与えられる場合，賃率差異と時間差異は容易に算定できる。

Practice

以下の資料を用いて，直接労務費差異分析を行う。

直接労務費	標準作業時間	標準賃率	金　　額
	0.5時間	800円	400円

直接労務費	総実際作業時間	実際賃率	実際直接労務費
	1,580時間	802円	1,267,160円

直接労務費	総標準作業時間
	1,550時間

（直接労務費差異分析図）

講義6　原価差異の分析

【7】製造間接費差異の測定法

◆ 原価差異の認識

　製造間接費の原価差異は，原価要素を変動費と固定費に分類し，標準操業度と実際操業度における予算と実績を比較し算定する。原価要素を変動費と固定費に分解する**公式法変動予算**は，実査法変動予算よりも算定の簡便性が高く，一般的な分析法として認知されている。公式法変動予算は，その操業度との相対的変動比率を一定であると仮定しているため，実査法変動予算のようにその都度の操業度における予算設定をする必要が生じない。

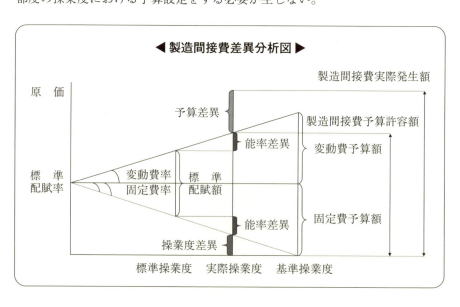

講義6　原価差異の分析

【8】製造間接費差異の測定

◆ 原価差異の測定

　製造間接費における標準操業度（作業時間など）と実際操業度（作業時間など），そして変動費率および固定費予算額が与えられる場合，予算差異と能率差異，そして操業度差異は容易に算定できる。

Practice

以下の資料を用いて，製造間接費差異分析を行う。

製造間接費	標準操業度	標準配賦率	金　　額
	0.5時間	1,200円	600円

変動費率　　　　　　@400円
固定費予算額　　　　1,280,000円
基準操業度　　　　　1,600時間
製造間接費実際発生額　1,930,000円
実際操業度　　　　　1,580時間
標準操業度　　　　　1,550時間

（製造間接費差異分析図）

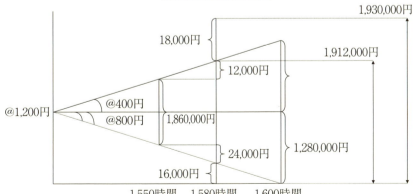

＊ここで，予算差異・能率差異・操業度差異ともに計算上では，マイナスを示す。

講義7 キャパシティーコスト

【1】キャパシティーコスト

◆ キャパシティーとそのコスト

　キャパシティー（capacity）は，通常，何らかの物理的な能力を表すものとされる。企業では，それを生産能力と称することが一般的である。生産能力を継続して維持していくためには，維持費用が発生する。会計上では，それを固定費として扱うのが常である。たとえば，機械設備の保険料や減価償却費などが挙げられる。キャパシティーの継続的な維持に伴い発生する費用を，概念的に**キャパシティーコスト**という。

　しかし，キャパシティーを確保し継続させていくなかで，使用（消費）しないキャパシティーがある。いわば，機械設備を使用して生産を行わない場合である。結果として，キャパシティーが遊休している状態である。これを，アイドルキャパシティーとして認識する。ゆえに，**アイドルキャパシティーコスト**も認識されることになる。

◀キャパシティー▶

　企業が経営を続けていくためには，物的な設備と組織をいつでも使えるように準備しておく必要がある。こういったものが製造および販売活動のためのキャパシティーである。

キャパシティーコスト
キャパシティーを維持するために発生するコスト

アイドルキャパシティーコスト
未利用のキャパシティーコスト

講義7　キャパシティーコスト

【2】キャパシティーの水準と消費・回収

◆ キャパシティーの水準

キャパシティーの大きさを測定することはできるが，その大きさを水準（能力）で表すと，概ね4つに分類される。1つ目は，論理的（物理的）に最大測定をした理論的水準，2つ目は何らかの理由で稼働しないことを考慮して，実際に達成が可能な測定をした実際達成可能水準，3つ目は稼働を期待して予測的に測定される期待水準，4つ目はこれまでの稼働の趨勢を参考にして測定する正常水準である。

◆ キャパシティーコストの消費・回収

キャパシティーコストを固定費として扱うと，それは製品などに配賦され原価に算入される。製品などの原価として構成されるということは，販売によって回収可能であることを意味する。当該コストは，経済学の資本循環でいう投下と回収のサイクルを通過することになる。

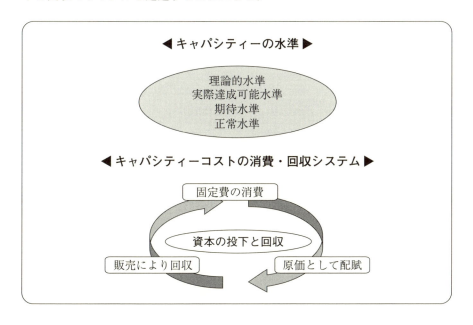

講義7　キャパシティーコスト
【3】キャパシティーコストの配賦（理論的水準）

◆　キャパシティーコストの配賦計算（理論的水準）

固定費を400,000円，理論的水準を1,000個，そして実際達成水準（実際に生産した数量）を600個とした場合，製品などに配賦される金額は，以下のように計算される。

配賦率（額）	400円／個	（400,000円÷1,000個）
配賦総額	240,000円	（400円×600個）
配賦差異	160,000円	（400円×400個）

製品に配賦され，回収可能な額は240,000円であり，もはや販売によって回収できない金額は160,000円となる。

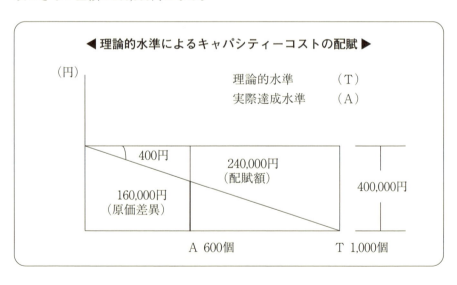

◀理論的水準によるキャパシティーコストの配賦▶

講義7　キャパシティーコスト

【4】キャパシティーコストの配賦（実際達成可能水準）

◆　キャパシティーコストの配賦計算（実際達成可能水準）

　固定費を400,000円，実際達成可能水準を800個，そして実際達成水準（実際に生産した数量）を600個とした場合，製品などに配賦される金額は，以下のように計算される。

配賦率（額）	500円／個	（400,000円÷800個）
配賦総額	300,000円	（500円×600個）
配賦差異	100,000円	（500円×200個）

　製品に配賦され，回収可能な額は300,000円であり，もはや販売によって回収できない金額は100,000円となる。

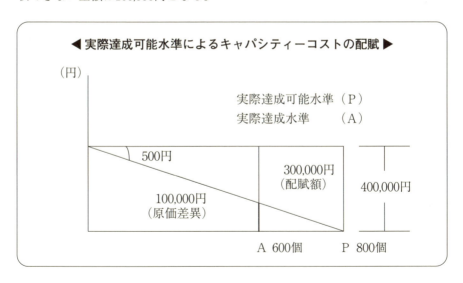

◀実際達成可能水準によるキャパシティーコストの配賦▶

講義7　キャパシティーコスト
【5】キャパシティーコストの回収と損益との関係

◆ キャパシティーコストが及ぼす損益への影響

　前述の【3】と【4】で計算された理論的水準の場合と，実際達成可能水準とを比較してみると，会計上に見られる特異な現象が表面化する。双方の水準で計算された原価と損益の計算結果では，売上総利益は，1個あたりの原価が低い理論的水準の場合は320,000円で，実際達成可能水準の280,000円より大きい。しかし，配賦差異となった金額を差し引くと，営業利益が逆転し，実際達成可能水準のほうが大きくなる。このような結果を導く要因は，販売されなかった200個にある。

　いわば，在庫となった200個に配賦された，それぞれの水準での差額が20,000円となり，この額が売上原価に含まれていないことが原因である。これを**原価（費用）の資産退避**という。

◆ 理論的水準と実際達成可能水準の損益比較分析 ▶

生産数量　600個
販売数量　400個　→　在庫数量　200個
販売価格　1,200円

売上原価　160,000円（理論的水準）
売上原価　200,000円（実際達成可能水準）

（単位：円）

	理論的水準	実際達成可能水準
売　上　高	480,000	480,000
売　上　原　価	160,000	200,000
総利益	320,000	280,000
原　価　差　異	160,000	100,000
営業利益	160,000	180,000

講義7 キャパシティーコスト
【6】 原価の資産退避

◆ コスト（原価）の資産転化

前述【5】の設例で，在庫数量を1個として損益計算すると，原価が資産退避する様子が確認できる。退避の様子を確認する鍵は，差額の100円にある。

原価の資産退避は，すなわち総原価を低くすることになる。

◀原価の資産退避による影響▶

生産数量　600個
販売数量　599個　→　在庫数量　1個

（単位：円）

	理論的水準	実際達成可能水準
売上高	718,800	718,800
売上原価	239,600	299,500
総利益	479,200	419,300
原価差異	160,000	100,000
営業利益	319,200	319,300
総原価	**399,600**	**399,500**

理論的水準では，在庫1個あたり400円が，費用とはならず，棚卸資産へと資産化（退避）する。

実際達成可能水準では，在庫1個あたり500円が，費用とはならず，棚卸資産へと資産化（退避）する。

差額100円単位で，利益が背反する

講義8　アイドルキャパシティーコスト

【1】アイドルキャパシティーコストは虚構とする見解

◆　アイドルキャパシティーコストの否認

　アイドルキャパシティーコストは，固定費の配賦における配賦差異を包含して認識し，原価会計の領域では操業度差異と称されているものに近似する。会計上の既成概念では，このアイドルキャパシティーコストに包含される操業度差異は損失とされる。しかし，それは，会計上の手続きによって創出される虚構であり，損益測定の観点から否認する見解がある。これを主張したのが，Ferraraである。

◀ Ferraraの見解 ▶

Ferraraの認識
（アイドルキャパシティーコスト）
損益測定の観点

アイドルキャパシティーコストの測定の背景にある基礎的な要因は，固定資産に対する会計政策によるものであり，それは虚構である。

- ●キャパシティーが会計制度のなかで配賦基準として用いられることにより，経営資源の消費資源原価が原価対象へ配賦される。その結果として，キャパシティーを消費しなかったことによる経営資源の配賦差額が，会計制度のなかで測定され，評価されることにすぎない。

- ●物理的なキャパシティーや利用可能なキャパシティー概念に賛同することは，営業員の自動車が，もし正常の1日8時間の間に4時間の使用が期待されるならば，営業員の自動車における50％の減価償却費が損失であるという受け入れられない考えに賛同することになる。

講義8　アイドルキャパシティーコスト

【2】アイドルキャパシティーコストは必然とする見解

◆　アイドルキャパシティーコストの是認

　アイドルキャパシティーコストの存在認識を否認する見解がある一方で，是認する見解もある。それを述べるのがWeinwurmであるが，損益測定の観点からではなく，物理的生産能力の遊休を会計数値で測定することに意義を見出そうとしている。

◆――――◀Weinwurmの見解▶――――◆

Weinwurmの認識

（アイドルキャパシティーコスト）

生産能力の観点

　アイドルキャパシティーコストの存在認識を，生産能力の測定における観点から，肯定している。

●生産能力として測定されたキャパシティーと，実際に利用されるキャパシティーとにおける差異は当然に起こりえるものであり，経営管理上の主要な問題の1つである。
　多くの管理者は，アイドルキャパシティーを回避する手段がないことを知っている。しかし，それを可能な限り低いレベルに保つための努力は継続的になされている。

●アイドルキャパシティーコスト概念は，単なる会計技術的な問題ではない。会計制度においてアイドルキャパシティーコストを知らせ続けることは義務である。

講義8　アイドルキャパシティーコスト
【3】アイドルキャパシティーコスト論争の背景

◆ 論争の背景

　アイドルキャパシティーコストの存在認識において，考察の観点が異なっていることが，論争が収束しない原因である。明らかに，損益測定からのものと，物理的生産能力からによるものとでは，解釈が相違するのは避けられない。しかし，論争によって再認識すべきことが提起されている。それは，会計上で測定・認識する固定費という態様の存在である。

　もはや，アイドルキャパシティーコストを固定費として認識し，これを配賦する会計手続きを前提とする限り，論争は帰結しないのである。アイドルキャパシティーコストの配賦を，生産量などを増加させて意図的に行っても，それらが資産退避して，やがて不良資産と化せば，結果として損失となることは明らかである。アイドルキャパシティーコストを低減させることを意図して追加配賦を行う場合は，その追加配賦に回収可能性が見出せない限り，実行するべきではない。

◆論争の所在▶

固定費配賦
↓
現行における会計制度の限界

〈アイドルキャパシティーコストの問題〉
●原価差異として費用化
　　　→もはや回収機会なし
●棚卸資産として資産化
　　　→回収機会を逃すとやがて損失

講義8　アイドルキャパシティーコスト

【4】アイドルキャパシティーコストの特質

◆　アイドルキャパシティーの認識観

　キャパシティーの遊休を表すアイドルキャパシティーがどの程度の大きさであれば適切かという意見は見当たらない。言えることは，「大きすぎず小さすぎず」，である。なぜなら，ある程度の生産能力を余剰として維持していなければ，突発的な生産拡大に対応できないからである。ただ，無駄にキャパシティーを消費させてキャパシティーコストを配賦する行為は，会計上の損失を増大させる危険性をはらんでいる。

◆McNairの指摘▶

　キャパシティーにおける問題は，最も複雑で課題の多い領域の1つである。キャパシティーを言い換えれば，企業の収益獲得の潜在能力といえる。これらの資源の全てが適正配分されるならば，収益性は高まろう。逆に，経営資源の浪費は収益性を低める。浪費は，長期成長の点において妨げになる。アイドルキャパシティーは，浪費が発生しているという物理的なサインである。

◆GladとBeckerの指摘▶

　無作為にアイドルキャパシティーのコストを製品等に賦課することは，"破滅へのうず（Death Spiral）"に巻き込まれる。

第4章

損益分析

本章のポイント

講義9 ● 損益分析の基本型

- ☐ 製品原価などに固定費を含めないことにより明らかになることがある。
- ☐ 損益分岐点が明らかになれば，販売計画が立案できる。
- ☐ 損益分析の公式の意味を理解することが重要である。

講義10 ● 損益分析の手法

- ☐ 損益分析の手法は，目的によって使い分ける。

講義9　損益分析の基本型

【1】CVP分析で扱う原価

◆ CVP（Cost Volume Profit）分析の前提概念

　CVP分析は，原価と販売数量（生産数量），そして利益の3つの観点からその関係性を分析するものである。特に，利益計画を立てる場合に，多く用いられる。ここで，原価を測定・評価する場合に，全部原価（固定費・変動費）によらず，部分原価（変動費）を用いる。原価を変動費のみで認識する背景には，固定費による歪みを低減させるというねらいがある。変動費のみで認識された原価を，**直接原価**と称している。ただし，固定費を原価から排除したわけではなく，期間費用として認識することが特徴である。

◀直接原価▶

　直接原価とは，部分原価として，操業度との関係でいう変動費のみで測定・評価したものをいう。固定費は期間費用とする。

　原価を測定・評価することにおいて，固定費が抱える問題を排除するために採用する原価概念である。

CVP分析
(Cost Volume Profit)
↓
直接原価計算制度へ展開

講義9　損益分析の基本型

【2】直接原価計算による損益計算書様式

◆ 損益計算書のひな型

　原価を変動費のみで認識することから，売上高から変動費を差し引いて計算される利益を**限界利益**（貢献利益）と称している。そして，限界利益から固定費を控除して，営業利益を求める。いわば，変動費と固定費を，損益計算書のなかで分離しているのである。直接原価計算による損益計算書は，現行の「原価計算基準」では財務諸表として容認されていないため，固定費を調整して作成し直す必要がある。

　限界利益は，固定費を控除する前の利益であるため，製品の製造と販売による本質的な利益ではない。本来，損益計算の結果として注視すべき利益は，営業利益である。しかし，逆理的に考えれば，営業利益の源泉は，限界利益にある。限界利益の成否が，営業利益の可否を決定づける。一義的には，限界利益によって，固定費を回収するものと理解するのが適切である。よって，限界利益の額が固定費の額を超えるか超えないかにより，利益か損失かの結果を導くことになる。

◀**直接原価計算方式による損益計算書の様式**▶

損益計算書 （直接原価計算方式）	
売　上　高	×××
変　動　費	×××
限界利益	×××
固　定　費	×××
営業利益	×××

講義9　損益分析の基本型

【3】直接原価計算による意思決定

◆ 全部原価計算と直接原価計算による意思決定の背反

直接原価計算によると，全部原価計算では否決されるであろう案件が，採決に至ることがある。いわば，意思決定が背反することがあるのである。

Practice

売価130円で，追加注文10,000個を受けた。

意思決定として，受注すべきか否か？

＜会社の現況＞

○最大操業度（生産能力）は月間で50,000個。

○固定費として2,000,000円が発生。

○現在の操業度は月間40,000個で，10,000個の余力がある。

○商品の売価は200円

○商品の原価は140円（変動費100円・固定費40円）

（単位：円）

損益計算書（全部原価計算方式）		損益計算書（直接原価計算方式）	
売　上　高	8,000,000	売　上　高	9,300,000
売　上　原　価		変　動　費	5,000,000
変動費	4,000,000	限界利益	4,300,000
固定費	1,600,000	固　定　費	2,000,000
原価差異	400,000		
営業利益	2,000,000	営業利益	2,300,000
＊40,000個での損益計算		＊追加注文10,000個を受けた場合	

↓

結論は，受注すべきとなる

講義9　損益分析の基本型

【4】利益図表の型

◆　利益図表

　CVPを用いた利益図表において，限界利益で固定費をすべて回収し，利益がゼロとなる点が**損益分岐点**となる。利益図表では，損益分岐点より右方向に営業量が推移すれば利益が発生し，左方向に推移すれば損失が生じる。損益分岐点では，損益がゼロとなる点の販売数量と売上高が表示される。損益分岐点は，利益図表が一次直線で表されているため，直線式を展開すれば導くことができる。また，目標となる利益を確保するための販売数量とその売上高を求めることもできる。

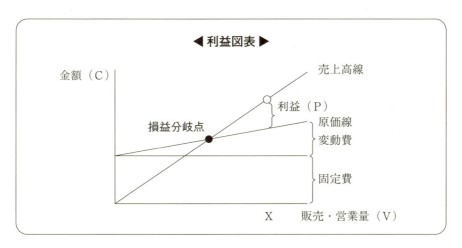
◀利益図表▶

講義9　損益分析の基本型

【5】損益分岐点の公式

◆ 公式（損益分岐点）

損益分析点を求める公式は，利益図表のC・V・Pのそれぞれの等式を展開すれば導出することができる。公式展開の前提は，利益図表に表示される損益分岐点の売上高と原価が一致することである。

売上高＝原価・・・・・・・・・＜公式命題＞

* 1　売上高線＝売価×販売数量
* 2　原価線＝（単位変動原価×販売数量）＋固定費

◀損益分岐点の公式▶

$$損益分岐点販売数量 = \frac{固定費}{売価 - 単位変動原価}$$

$$損益分岐点売上高 = 損益分岐点販売数量 \times 売価$$

$$損益分岐点売上高 = \frac{固定費}{1 - \dfrac{変動売上原価}{売上高}}$$

$$〃 = \frac{固定費}{1 - \dfrac{単位変動原価}{売価}}$$

$$〃 = \frac{固定費}{1 - 変動原価率}$$

$$〃 = \frac{固定費}{限界利益率}$$

講義9　損益分析の基本型

【6】目標利益達成の公式

◆　公式（目標利益点）

目標利益を達成するために必要な販売数量とその売上高は，公式上で分子に目標利益の額を加算することで計算できることになる。これは，公式上で目標利益が固定費と同様に販売数量による利益から回収しなければならない額となるためである。

◀目標利益点の公式▶

$$目標利益販売数量 = \frac{固定費 + 目標利益}{売価 - 単位変動原価}$$

$$目標利益売上高 = 目標利益販売数量 \times 売価$$

$$目標利益売上高 = \frac{固定費 + 目標利益}{1 - \dfrac{変動売上原価}{売上高}}$$

$$〃 = \frac{固定費 + 目標利益}{1 - \dfrac{単位変動原価}{売価}}$$

講義9　損益分析の基本型
【7】損益計算の解法

◆ 解　法

> **Practice**
>
> 以下の資料における損益分岐点の販売数量と売上高は，いくらか？
> また，目標利益を達成する販売数量と売上高は，いくらか？
>
> | 製　品 | 売　　価 | 単位変動原価 |
> |---|---|---|
> | | 2,000円 | 1,200円 |
>
> 固定費　500,000円
>
> 目標利益　400,000円
>
> **損益分岐点売上高・販売数量**
>
> $$1{,}250{,}000円 = \frac{500{,}000円}{1 - \dfrac{1{,}200円}{2{,}000円}}$$
>
> $$625個 = \frac{500{,}000円}{2{,}000円 - 1{,}200円}$$
>
> **目標利益売上高・販売数量**
>
> $$2{,}250{,}000円 = \frac{900{,}000円}{1 - \dfrac{1{,}200円}{2{,}000円}}$$
>
> $$1{,}125個 = \frac{900{,}000円}{2{,}000円 - 1{,}200円}$$

講義9　損益分析の基本型

【8】損益計算書の表示

◆ 表示例

【7】のPracticeについて，損益分岐点・目標利益点の各々を損益計算書に示すと，以下のとおりである。

(単位：円)

損益計算書 （損益分岐点）		損益計算書 （目標利益点）	
売　上　高	1,250,000	売　上　高	2,250,000
変　動　費	750,000	変　動　費	1,350,000
限界利益	500,000	限界利益	900,000
固　定　費	500,000	固　定　費	500,000
営業利益	0	営業利益	400,000

◀ 損益計算書（ひな型）▶

```
           損益計算書
        （全部原価計算方式）
  Ⅰ  売上高                        ×××
  Ⅱ  売上原価
     1. 期首製品棚卸高    ×××
     2. 当期製品製造原価  ×××
              合  計      ×××
     3. 期末製品棚卸高    ×××    ×××
              売上総利益           ×××
  Ⅲ  販売費および一般管理費
          販  売  費      ×××
          一 般 管 理 費  ×××    ×××
              営業利益             ×××
```

```
           損益計算書
        （直接原価計算方式）
  Ⅰ  売上高                        ×××
  Ⅱ  変動売上原価
     1. 期首製品棚卸高    ×××
     2. 当期製品製造原価  ×××
              合  計      ×××
     3. 期末製品棚卸高    ×××    ×××
              変動製造マージン     ×××
  Ⅲ  変 動 販 売 費               ×××
              貢 献 利 益          ×××
  Ⅳ  固定費
     1. 加  工  費        ×××
     2. 販  売  費        ×××
     3. 一般管理費        ×××    ×××
              営業利益             ×××
```

講義10 損益分析の手法
【1】CVPによる応用分析法

◆ 分析への諸案件

　CVPを利用して分析する方法は諸種あるが，一般的なものとして**安全余裕率分析**や**レバレッジ分析**，そして**製品ミックス分析**がある。他に，感度分析があるが，これは，販売価格や販売数量ならびに，変動費や固定費，製品構成比率などを変化させて営業利益に与える影響を分析するものである。CVPによる分析は，概ね5つの仮定を設定して行う。

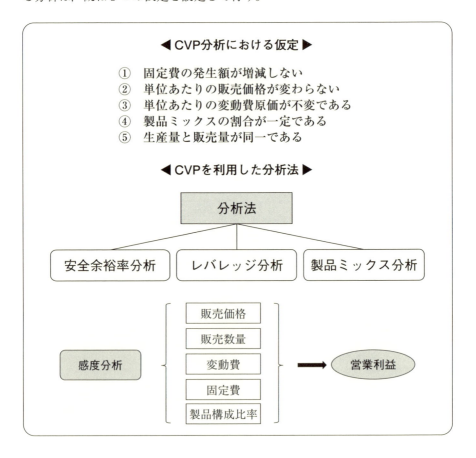

講義10　損益分析の手法

【2】安全余裕率分析

◆　安全余裕率の意義

　安全余裕率は，その比率が高いほどに安全であることを示すものである。利益図表で見るとき，損益分岐点が左方向へ低い位置を示すほど，安全性は高くなる。固定費の低減や，単位あたりの変動費原価を抑制することで，誘導することができる。損益分岐点が左下方向へ移動すればするほど，景気変動によって売上高が減少しても，余裕分で対応可能になる。

◀ 安全余裕率分析 ▶

　現状の売上高と損益分岐点との乖離程度を判断するもので，乖離数値が大きいほど安全性は高い。

$$安全余裕率 = \frac{売上高 － 損益分岐点売上高}{売上高}$$

Practice

以下の資料における現在の安全余裕率は何％になるか？

販売価格	1,000円
原　　価	（変動費）600円
固 定 費	360,000円
販 売 量	1,000個

＊損益分岐点販売量は900個

$$10\% = \frac{1,000,000円 － 900,000円}{1,000,000円}$$

講義10 損益分析の手法
【3】レバレッジ分析

◆ レバレッジ係数の意義

レバレッジ係数は，原価に占める変動費と固定費の比率によって決定付けられるが，その係数の相違は，売上高が変化した場合における営業利益の変化の態様となって表れる。

◀レバレッジ分析▶

営業量（販売量）の増減による営業利益の変化率を判断することで，景気変動における損益の連動性を認識する。

$$\text{レバレッジ係数} = \frac{\text{限界利益}}{\text{営業利益}}$$

Practice

以下の資料における両社のレバレッジ係数はいくらか？

(単位：円)

損益計算書（X社）	
売 上 高	1,000,000
変 動 費	200,000
限界利益	800,000
固 定 費	600,000
営業利益	200,000

損益計算書（Y社）	
売 上 高	1,000,000
変 動 費	400,000
限界利益	600,000
固 定 費	400,000
営業利益	200,000

レバレッジ係数（X社）

$$4 = \frac{800,000 円}{200,000 円}$$

レバレッジ係数（Y社）

$$3 = \frac{600,000 円}{200,000 円}$$

講義10 損益分析の手法

【4】レバレッジ係数の作用

◆ レバレッジ係数の解釈

【3】のPracticeにもとづき、両社ともに売上が20％増大すると、レバレッジ係数の違いから、利益増加率が異なる結果になる。

Practice

【3】の両社ともに売上高が20％増大した場合、利益増加率はどのように変化するか？

(単位：円)

損益計算書（X社）	
売　上　高	1,200,000
変　動　費	240,000
限界利益	960,000
固　定　費	600,000
営業利益	360,000

損益計算書（Y社）	
売　上　高	1,200,000
変　動　費	480,000
限界利益	720,000
固　定　費	400,000
営業利益	320,000

↓　　　　　　　　　　　↓
利益増加率＝80％　　　利益増加率＝60％

[X社]　　　　　　　　　　　　　　　[Y社]
↓　　　　　損益構造の特徴　　　　　↓

| 変動費が低く、固定費が高い | 変動費が高く、固定費が低い |

↓　　　　　　景気の拡大期　　　　　↓

| 営業利益が早く拡大する | 営業利益の拡大が遅れる |

↓　　　　　　景気の後退期　　　　　↓

| 固定費が、営業利益を圧迫する | 固定費の営業利益への圧迫が少ない |

経営上の命題

固定費（設備投資・人件費など）の取扱い
↓
工場や事業部の売却
従業員の人件費抑制やリストラ

講義10 損益分析の手法
【5】製品ミックス分析

◆ **製品ミックス分析の意義**

複数製品の販売比率や構成比率を不変とした場合に，個別の販売数量とその売上高を比較計算するものである。全体としての販売計画を達成するために，個別製品の必要販売数量を策定する場合に役立つ。

◀製品ミックス分析▶

セールスミックスにおいて，CVP分析を行うもの

Practice

以下の資料における全体での損益分岐点売上高と各製品の販売数量はいくらか？

	A製品	B製品	C製品
販 売 単 価	1,500円	2,000円	3,000円
単位変動費	750円	1,400円	1,200円
限 界 利 益	750円	600円	1,800円
固 定 費	1,020,000円		

A製品・B製品・C製品を，2：3：1の販売数量構成比率で販売する。

講義10　損益分析の手法

【6】製品ミックス分析の計算（販売構成比別）

◆ 製品ミックス分析の計算（販売構成比別）

【5】より，個別に計算結果が示される。

損益分岐点売上高（全体）＝ 2,400,000円

A製品＝400個　B製品＝600個　C製品＝200個

損益分岐点売上高（個別）

A製品	B製品	C製品
600,000円	1,200,000円	600,000円

◆ 加重平均限界利益率

製品ミックス分析では，加重平均による限界利益率を求めることが必要となる。

◀加重平均限界利益率（全体）▶

$$限界利益率 = 1 - \frac{単位変動原価}{売価}$$

$$0.425 = 1 - \frac{(750円 \times 2) + (1,400円 \times 3) + (1,200円 \times 1)}{(1,500円 \times 2) + (2,000円 \times 3) + (3,000円 \times 1)}$$

◀損益分岐点売上高（全体）▶

$$損益分岐点売上高 = \frac{固定費}{限界利益率}$$

$$2,400,000円 = \frac{1,020,000円}{0.425}$$

講義10 損益分析の手法

【7】製品ミックス分析の計算結果

◆ 製品別分析

【6】の計算過程は,以下となる。

◀A製品・損益分岐点売上高と販売数量▶

$$600{,}000円 = \frac{2{,}400{,}000円}{(1{,}500円 \times 2) + (2{,}000円 \times 3) + (3{,}000円 \times 1)} \times (1{,}500円 \times 2)$$

損益分岐点売上高=600,000円

販売数量=400個(600,000円÷1,500円)

◀B製品・損益分岐点売上高と販売数量▶

$$1{,}200{,}000円 = \frac{2{,}400{,}000円}{(1{,}500円 \times 2) + (2{,}000円 \times 3) + (3{,}000円 \times 1)} \times (2{,}000円 \times 3)$$

損益分岐点売上高=1,200,000円

販売数量=600個(1,200,000円÷2,000円)

◀C製品・損益分岐点売上高と販売数量▶

$$600{,}000円 = \frac{2{,}400{,}000円}{(1{,}500円 \times 2) + (2{,}000円 \times 3) + (3{,}000円 \times 1)} \times (3{,}000円 \times 1)$$

損益分岐点売上高=600,000円

販売数量=200個(600,000円÷3,000円)

講義10 損益分析の手法
【8】製品ミックス分析の計算（売上高構成比別）

◆ **製品ミックス分析（売上高構成比別）**

【5】と比べて，少し計算が複雑になる。しかし，計算の手続きは同様である。

> **Practice**
>
> 以下の資料において，全体での損益分岐点売上高と各製品の販売数量はいくらか？
>
> | | A製品 | B製品 | C製品 |
> | --- | --- | --- | --- |
> | 販売単価 | 1,500円 | 2,000円 | 3,000円 |
> | 単位変動費 | 750円 | 1,400円 | 1,200円 |
> | 限界利益 | 750円 | 600円 | 1,800円 |
> | 固定費 | 1,134,000円 | | |
>
> A製品・B製品・C製品を，3：2：1の売上高構成比率で販売する。

◆ **製品ミックス分析の計算（売上高構成比別）**

上記から，個別に計算結果が示される。

> 損益分岐点売上高（全体）＝2,520,000円
>
> A製品＝840個　B製品＝420個　C製品＝140個
>
> 損益分岐点売上高（個別）
>
> | A製品 | B製品 | C製品 |
> | --- | --- | --- |
> | 1,260,000円 | 840,000円 | 420,000円 |

講義10　損益分析の手法

【9】製品ミックス分析の計算結果

◆ 計算過程

【8】の計算過程は，以下となる。

◀ 加重平均限界利益率 ▶

$$0.45 = \frac{(0.5 \times 3) + (0.3 \times 2) + (0.6 \times 1)}{6}$$

A製品限界利益率＝0.5　{1 －（750円÷1,500円）}
B製品限界利益率＝0.3　{1 －（1,400円÷2,000円）}
C製品限界利益率＝0.6　{1 －（1,200円÷3,000円）}

＊分母の6は，構成比の（3＋2＋1）である。

◀ 損益分岐点売上高（全体）▶

$$2,520,000 円 = \frac{1,134,000 円}{0.45}$$

●A製品損益分岐点売上高
　　＝1,260,000円（2,520,000円÷6 × 3）
●B製品損益分岐点売上高
　　＝840,000円（2,520,000円÷6 × 2）
●C製品損益分岐点売上高
　　＝420,000円（2,520,000円÷6 × 1）

●A製品販売数量＝840個（1,260,000円÷1,500円）
●B製品販売数量＝420個（840,000円÷2,000円）
●C製品販売数量＝140個（420,000円÷3,000円）

講義10　損益分析の手法

【10】製品ミックスの限界利益図表

◆　製品ミックスの限界利益図表

　製品ミックスにおいて，個別の限界利益線を組み合わせて描くことによって，全体での損益分岐点を分析することができる。個別製品の限界利益率を，高い順に描く場合と，逆に低い順に描く場合とがある。そして，その中間線を描くのが加重平均限界利益線となる。よって，損益分岐点は3つの点で認識することになる。

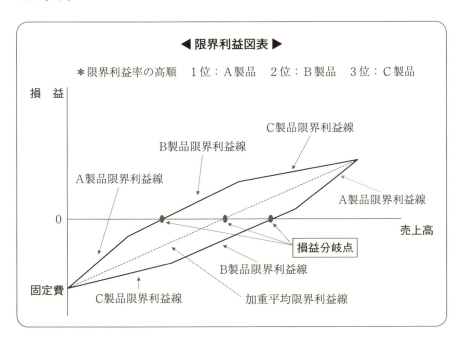

第5章

責任会計と業績評価

本章のポイント

講義11 ● 責任会計の表層

- [ ] 責任センターという，管理会計に特有な概念上の区分がある。
- [ ] 責任センターは，実際の組織区分に当てはめることもできる。
- [ ] 責任は，何らかの方法で分析・評価される。

講義12 ● 業績評価の必要性

- [ ] 組織が拡大すると，責任と権限が委譲される。
- [ ] 責任と権限が帰属するところは，業績評価をする必要がある。
- [ ] 業績評価では，残余利益というわかりやすい評価方法がある。

講義11　責任会計の表層
【1】責任会計

◆ 責任の属性

　責任という場合，それが帰属する部局（セグメントなど）を明らかにしなければならない。通常，部門や事業部，プロジェクトなどの人的に構成される部局が認識される。しかし，責任会計でいうそれらの部局は，責任が集約されるセンター（中心点）として捉える。これは，概念的なもので，組織の実態に名付けられるような名称ではない。しかし，実態は組織的な部局にほかならない。

　一般的に，責任会計という場合，**原価責任**，**利益責任**，**投資責任**の3つが論じられる。

◀責任会計とは▶

「会計システムを管理上の責任に結びつけ，職制上の責任者の業績を規定し，もって管理上の効果を高めるように工夫された会計制度」

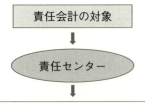

責任の帰属が認識できる組織的なセグメント
部門・事業部・プロジェクト　etc.

講義11 責任会計の表層

【2】責任センター

◆ 責任センターの区分

責任センターは，概念上の区分であるが，組織の実態に照らせば，それに相当する組織的な区分が対象化される。対象化される部局として部門（製造部や営業部など）や事業部，プロジェクトなどが想定されるが，責任センターとして認識させることが可能な組織上の実態に合致させることが必要である。

◀責任センターの分類と意義▶

```
              責任センター
         ／       ｜       ＼
    原価センター  利益センター  投資センター
      費用センター    収益センター
```

原価センター cost center
→自己の管理下にあるセグメントで発生した原価（費用）について責任を負う

利益センター profit center
→自己の管理下にあるセグメントで獲得した利益について責任を負う

投資センター investment center
→自己の管理下にあるセグメントで投下した資本について責任を負う

費用センター expense center
→自己の管理下にあるセグメントで発生した費用のみに責任を負う

収益センター revenue center
→自己の管理下にあるセグメントで獲得した収益のみに責任を負う

講義11　責任会計の表層
【3】責任センターの外観

◆ 責任センターの全体的な外観

　原価センターおよび利益センター，そして投資センターの関係性は，トライアングルな関係で成立している。いずれのセンターも，相互に影響を与えるため，個別に責任を果たすことが不可避である。

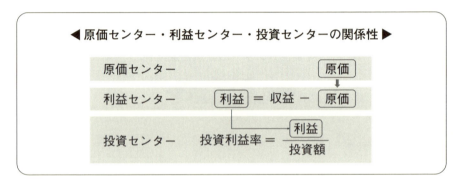

◀原価センター・利益センター・投資センターの関係性▶

◆ 責任センターの社会性

　責任センターにおいて負う責任は，多くの社会的な責任へと波及する。特に利害関係者への社会的責任は大きい。

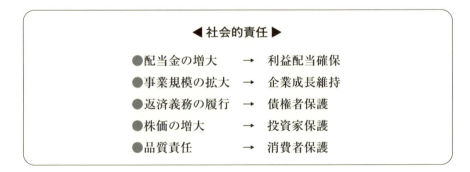

講義11 責任会計の表層
【4】責任センターの指標

◆ 責任センターの分析指標

責任センターの責任を分析する方法には，諸種があり，業績評価分析や経営分析などとクロスオーバーすることがあるため，確定した方法が限定されているわけではない。なかでも，経営分析の観点から実施するのが容易である。

◀責任の分析指標▶

成長性分析：増収・増益率の分析

$$売上高成長率 = \frac{当年度売上高}{前年度売上高} \times 100(\%)$$

収益性分析：収益率の分析

$$売上高利益率 = \frac{利益}{売上高} \times 100(\%)$$

安全性分析：資本構成比率の分析

$$流動比率 = \frac{流動資産}{流動負債} \times 100(\%)$$

生産性分析：生産効率の分析

$$労働分配率 = \frac{人件費}{付加価値額} \times 100(\%)$$

講義11　責任会計の表層
【5】指標の分析

◆ 財務数値による分析

　一般的には，売上高と利益との関連指標を分析することが，比較的多い。なぜなら，最もわかりやすい財務数値であり，指標分析に容易に利用できるからである。また，損益管理の面から重要な指標であることも大きな理由である。

　他方，流動資産と流動負債という財務数値による，財務安全性の指標分析は，財政状態の点から認識すべき指標で，これも重要視されている。

> **Practice**
>
> 　以下の資料において，成長性・収益性・安全性はどのように算定されるか？
>
> （単位：円）
>
> | | 前年度 | 当年度 |
> |---|---|---|
> | 売上高 | 1,000 | 1,200 |
> | 売上原価 | 600 | 900 |
> | 総利益 | 400 | 300 |
>
> | | |
> |---|---|
> | 流動資産 800 | 流動負債 500 |
> | 固定資産 1,000 | 固定負債 900 |
> | | 純資産 400 |

講義11　責任会計の表層
【6】指標分析値

◆　**指標分析値の意義**

　指標分析の結果，求められる数値が高い方がよいとされる場合と，低い方がよいとされる場合があり，分析においては示される数値の意義を明確に理解しておく必要がある。採用する指標のそれぞれに固有の意義が存在している。【5】から，計算結果が以下のように示される。

成長性：　売上高成長率　　120％ $= \dfrac{1,200円}{1,000円}$

収益性：　売上高利益率　（前年度）40％ $= \dfrac{400円}{1,000円}$

　　　　　　　　　　　（当年度）25％ $= \dfrac{300円}{1,200円}$

安全性：　流動比率　　　160％ $= \dfrac{800円}{500円}$

講義12 業績評価の必要性

【1】組織の展開

◆ 展開の方向

　組織は，経営活動の成長・拡大に伴って，横方向への展開と縦方向への展開を派生させる。これは，業務の多様化・複雑化によって，職能の分業が必要となり，職能別分類による横方向へと派生し，そして個々の職能から機能別分類により，縦方向へと派生する。組織は，職能別展開と機能別展開を図ることで規模を拡大させていく。職能別展開の過程で，職能が専門職化し，機能別展開で分業化される。

　組織の職能別展開と機能別展開は，職務権限の委譲と分権化を助成する。それぞれの展開によって派生した部局は，1つの組織体となってさらにその中で職能別・機能別展開が繰り広げられる。やがて，大きな1つの組織体となった部局は，独立した組織として認知することが可能となり，**事業部制組織**として，あるいは**カンパニー**として概念的に捉えられることになる。

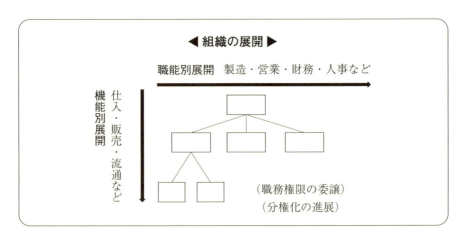

講義12　業績評価の必要性

【2】事業部制組織

◆　事業部の組織態様

　事業部制組織には，種々のものがある。事業部の最も一般的なセグメントには，製品別や顧客別，そして地域別などがある。特に，製品別事業部は，多くの事業部制組織を採用する企業に見受けられる。なかには，職能別に事業部を認識する企業がある。この，職能別事業部を組織化することによって，製造事業部と販売事業部の取引において，振替価格による取引を計上する場合があるが，これは，営業事業部に引き渡された製品などの販売が滞れば，それは未実現利益として消極的な要素となる。

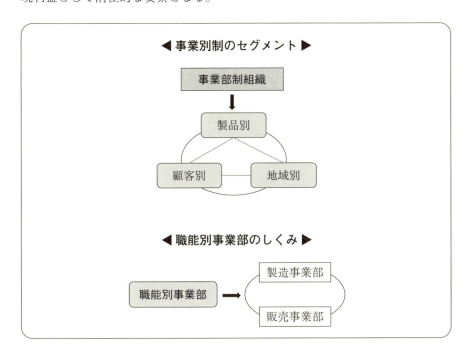

講義12 業績評価の必要性

【3】事業部の譲渡・買収・合併

◆ 譲渡・買収・合併の形態

事業部制組織は，その1つが大きな経営組織として完結するようになると，譲渡や買収，合併などが行えるようになる。

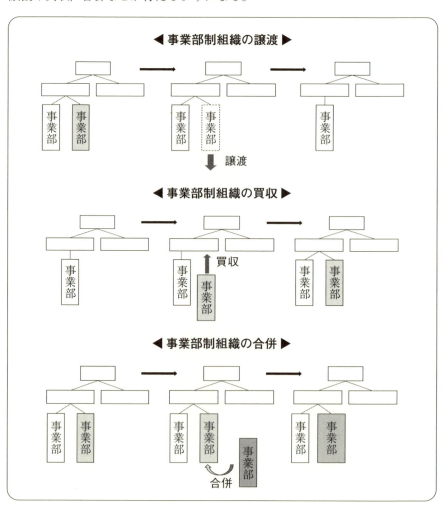

講義12　業績評価の必要性

【4】事業部の業績評価指標

◆ 評価の案件

事業部の業績評価においては，責任会計でいう**原価責任・利益責任・投資責任**という3つの責任が課される。業績評価は，財務数値によるものが主体であるが，非財務数値による業績評価も重要視される。業績を広義に解釈すれば，企業価値でいう経済的責任だけではなく，社会的責任や組織的責任の観点が付与されることは必然である。しかし，評価では管理可能数値しか対象にしてはならない。

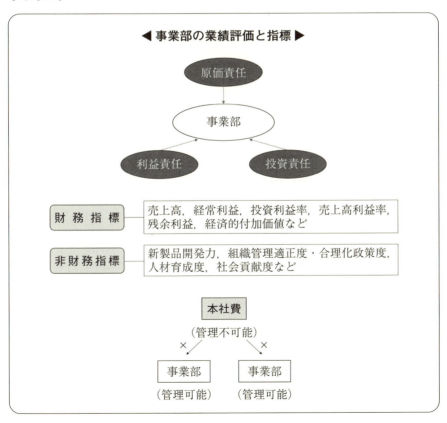

講義12　業績評価の必要性

【5】事業部の認識観

◆　事業部の認識種別

　事業部を単なる組織的な区分として捉えるだけではなく，会計上での認識観を付与することがある。事業部を1つの企業体として見なす**カンパニー制**や，本社から事業部への資金に金利の概念を補足した**社内金利制度**や，資本コストの概念を準用した**社内資本金制度**などがある。

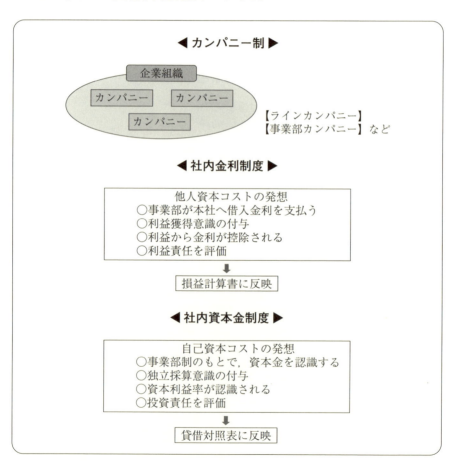

講義12 業績評価の必要性

【6】残余利益

◆ 残余利益の概要

事業部の業績評価で用いられる指標に，残余利益がある。**残余利益**は，語句のとおり，残り余った利益である。その特徴は，通常の損益計算の利益から資本コストを控除することにある。**資本コスト**は，資本の調達にかかるコストであるが，資本には他人資本と自己資本があるため，それぞれに識別して計算する。他人資本における資本コストとして借入金の支払利子を，そして自己資本コストとして株主へ分配する配当金の配当利回りなどを想定するとわかりやすい。残余利益の算出の際には，営業利益を用いたり税引後利益を用いたりする柔軟性を持ち合わせている。用法・目的によって，利益概念を変えることができる。

◀残余利益（RI：Residual Income）▶

残余利益＝利益－資本コスト

利益→営業利益あるいは税引後営業利益などが用いられる
　　　→利益をキャッシュフローへ修正することがある
資本コスト→資本調達に必要なコスト

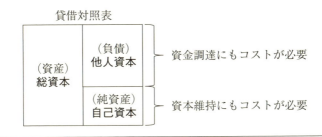

講義12　業績評価の必要性

【7】資本コスト

◆　**資本コストの概要**

資本コストについては，他人資本のコストと自己資本のコストを識別して計算することが必要となる。計算の本質は，金利の乗算にある。個別に計算された資本コストを，最終的には総計して全体としての資本コストを算出する。

Practice

以下の資料において，①他人資本と②自己資本における資本コストはいくらになるか？

① 借入金1,000万円に対する利子が，金利4％で発生する
② 資本金1億円に対して，配当利回りが2％で発生する

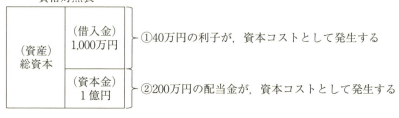

資本コスト合計＝240万円　（40万円＋200万円）

講義12 業績評価の必要性

【8】残余利益の計算

◆ 残余利益の算出方法

　残余利益は，営業利益あるいは税引後利益，また他の利益を用いても，そこから資本コストを控除することは共通である。利益から控除する資本コストは，他人資本の資本コストと自己資本の資本コストが総計されたものである。

> **Practice**
>
> 　以下の条件により，営業利益が1,200万円の場合に，残余利益はいくらと算定されるか？
>
> ① 借入金2,000万円に対する利子が，金利5％で発生
> ② 資本金1億円に対して，配当利回りが3％で発生
>
> 貸借対照表
>
>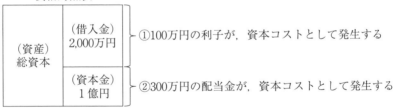
>
> 残余利益＝800万円　［1,200万円－（100万円＋300万円）］

第6章

利益管理

本章のポイント

講義13 ● 利益管理の体系

- □ 利益計画は，多様な観点から策定しなければならない。
- □ 利益測定に関わるタックスシールドの理解が必須である。

講義14 ● 加重平均資本コスト（WACC）

- □ 加重平均資本コスト（WACC）の計算式の意味を理解することが重要である。
- □ WACCの理解なくして，管理会計の修学はない。

講義15 ● 経済的付加価値（EVA）

- □ 経済的付加価値（EVA）は，残余利益の思考から派生したものである。
- □ 投資利益率とEVAとでは，異なる結果が導かれることがある。

講義13　利益管理の体系

【1】利益計画策定に用いる分析

◆ 利益計画策定に用いる分析案件

　利益計画の策定は，短期・中期・長期と区分して実施されることがあるが，通常は中長期計画を見据えて行う。短期計画は1年で，中期計画は3年，そして長期計画は5年超で認識されることが多い。これらを個別に計画することは不合理であるため，毎年，利益計画を見直し改定を繰り返す**ローリング式**が考えられている。長期計画は5年を超えることになるため，不確実性が内在する。ローリング式は，不確実性を，少しでも排除することを意図するものである。

　利益計画の策定においては，5つの分析案件を考慮することが求められる。製品市場分析やSWOT分析，環境分析，インパクト分析，ポートフォリオ分析などであるが，これらは企業の質・量的分析として知られている。

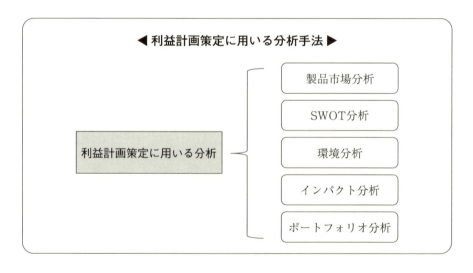

◀利益計画策定に用いる分析手法▶

- 製品市場分析
- SWOT分析
- 環境分析
- インパクト分析
- ポートフォリオ分析

講義13 利益管理の体系

【2】製品市場分析・SWOT分析

◆ 製品市場分析

製品の特性をもとに，価格は適正であるか，販売促進としてどのような方法を採るのか，流通をどのようにするか，などの4P（product・price・promotion・place）から分析する。

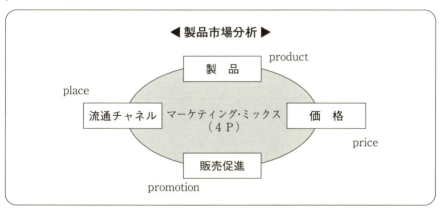

◆ SWOT分析

企業の，強み・弱み・機会・脅威の観点から分析し，最適な行動指針を導き出す。戦略の策定よりも，その評価に用いるのが適切である。

講義13　利益管理の体系

【3】環境分析・インパクト分析

◆　環境分析

環境分析では，特に外部環境の分析に力点を置く必要がある。外部環境は，統制することができないため，予測や推移を適正に判断しなければならない。

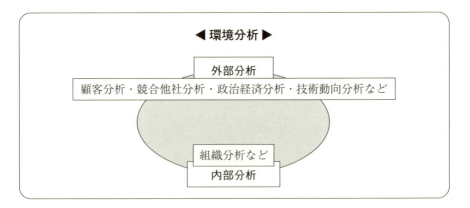

◆　インパクト分析

インパクト分析では，特に競争優位性（コアコンピタンス）を分析する。そして，その優位性を生かすような組織体制を整える必要がある。

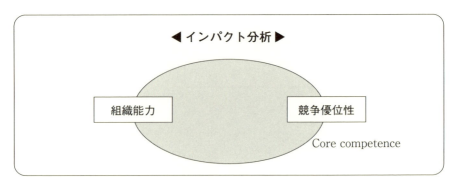

講義13 利益管理の体系
【4】ポートフォリオ分析

◆ ポートフォリオ分析

　ポートフォリオ分析では，製品を4つのカテゴリーに類別し，市場での製品特性を分析する。

　花形製品は，大きなキャッシュインを得られるが，キャッシュアウトも大きいため，利益幅は狭い。よって，市場を拡大するために積極的な投資を行い，金のなる木としてシフトさせることが必要である。

　金のなる木は，今後，大きな市場の拡大が見込めないため，投資を必要最小限に抑えて，投資を効率的に回収しなければならない。

　問題児は，施策によって金のなる木になるか，あるいは負け犬になるかの位置にある。市場への投資拡大を行うか，市場から撤退をするかの意思決定を迫られることになる。

　負け犬は，特に適切なタイミングで市場から撤退する機会を判断しなければならない。

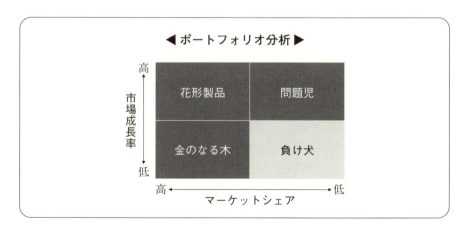

◀ポートフォリオ分析▶

講義13　利益管理の体系
【5】タックスシールド

◆　タックスシールドの概要

　タックスシールドは，税額緩和（軽減）効果をもたらす作用のことをいうが，通常，それは金額で表現される場合が多い。収益から控除される費用は，利益の減少をもたらすが，その費用の増加額と同じ額の利益が減少するわけではない。増加した費用のうち，税率分の額のみが利益減少となる。タックスシールドは，利益計画においてその作用を考慮することがある。

講義13 利益管理の体系

【6】タックスシールドの認識

◆ タックスシールドの解釈

ここで注視するのは，実効税率40％を用いることによる費用増加圧縮と収益減少緩和の様相をみることである。発生するコストの構成を読みとることが要である。

Practice

以下の資本コストが発生する場合に，タックスシールドはいくらと算定されるか？

□実効税率　40％
○借入金（2,000円）利率2％
○社　債（1,000円）利率5％

借入金の資本コスト
　　　　　40円（2,000円×0.02）
社　債の資本コスト
　　　　　50円（1,000円×0.05）

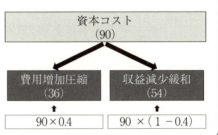

[補足]

収　益	100	100	
費　用	0	10	資本コストが10
利　益	100	90	税引前・利益差額は10
税　額	40	36	税率40％
税引後利益	<u>60</u>	<u>54</u>	税引後・利益差額は6

費　用	0	10	費用増加による利益減少は10
税引後利益	<u>60</u>	<u>54</u>	タックスシールドにより 　　利益減少は6に緩和

タックスシールド（費用圧縮）→　4＝10×0.4
タックスシールド（収益緩和）→　6＝10×（1－0.4）

講義14　加重平均資本コスト（WACC）

【1】加重平均資本コスト（WACC）

◆ **加重平均資本コスト（率）（Weighted Average Cost of Capital）の算式**

　資本コストは，他人資本コストと自己資本コストから構成されるが，その調達資本にも多様なものがあり，また，それぞれに資本コスト（率）が異なる。多様な資本について個別に資本コスト（率）を計算するのではなく，それらを平均化して資本コスト（率）を計算するほうが，手続きとして合理的である。資本コスト（率）を平均化するには，それぞれの資本の全体に占める構成比率や利率を加重することが前提となる。

◀加重平均資本コストの算式▶

- □資　　本：V
- □他人資本：D　→　V＝D＋E（資本＝他人資本＋自己資本）
- □自己資本：E

○他人資本比率 ＝ $\dfrac{D}{V}$

○自己資本比率 ＝ $\dfrac{E}{V}$

- ・他人資本コスト（率）を RD
- ・自己資本コスト（率）を RE
- ・法人税実効税率を t
- ・利率を R

　　　　　　　　　　　　　　　　とする

加重平均資本コスト

（WACC）

Weighted Average Cost of Capital

$$\text{WACC} = \frac{D}{V}(1-t)\,\text{RD} + \frac{E}{V}\,\text{RE}$$

講義14 加重平均資本コスト（WACC）
【2】WACCの計算

◆ WACCの計算

他人資本と自己資本におけるWACCの計算にあたっては，まず構成比率を求めなければならない。

Practice

以下におけるWACCは，いくらと算定されるか？
　　　　○借入金（10億円）利率2％
　　　　○社　債（40億円）利率4％
　　　　○資本金（50億円）利回り10％　→　（配当利回り）
　　＊実効税率40％

◆ 資本の構成比率

WACCの計算には，それぞれの構成比率が不可欠となる。

資本：$V = D + E$

　　$V = 100$億円

　　　　100億円 ＝（10億円＋40億円）＋50億円

他人資本比率 $= \dfrac{D}{V}$ ⎰ 借入金の構成比率　10億円÷100億円＝10％
　　　　　　　　　　　⎱ 社　債の構成比率　40億円÷100億円＝40％

自己資本比率 $= \dfrac{E}{V}$ ─ 資本金の構成比率　50億円÷100億円＝50％

講義14　加重平均資本コスト（WACC）

【3】WACCの算出表（個別資本コスト）

◆ 個別資本コストの計算

個別資本コストにおいて，他人資本コストには実効税率がかかわる。これは，費用処理されることから認識する。

◀他人資本の個別資本コスト▶

資　本	金　額	構成比率	個別資本コスト	平均資本コスト
借入金	10億円	10%	1.2%	
社　債	40億円	40%	2.4%	

税引後→借入金コスト　$2\% \times (1 - 0.4) = 1.2\%$
税引後→社　債コスト　$4\% \times (1 - 0.4) = 2.4\%$

◀自己資本の個別資本コスト▶

資　本	金　額	構成比率	個別資本コスト	平均資本コスト
資本金	50億円	50%	10.0%	

＊自己資本の利益処分となるため，実効税率は考慮しない。

資　本	金　額	構成比率	個別資本コスト	平均資本コスト
借入金	10億円	10%	1.2%	
社　債	40億円	40%	2.4%	
資本金	50億円	50%	10.0%	
合　計	100億円	100%	－	

講義14　加重平均資本コスト（WACC）

【4】WACCの算出表（平均資本コスト）

◆ 平均資本コストの計算

それぞれの構成比率に，個別資本コストを乗じることが注意点である。

資　本	金　額	構成比率	個別資本コスト	平均資本コスト
借入金	10億円	10%	1.2%	0.12%
社　債	40億円	40%	2.4%	0.96%
資本金	50億円	50%	10.0%	5.00%
合　計	100億円	100%	－	

◆ 総資本の平均資本コストとWACCの算出

個々の平均資本コストを加算すれば，WACCとなる。

資　本	金　額	構成比率	個別資本コスト	平均資本コスト	
借入金	10億円	10%	1.2%	0.12%	$10\% \times 0.012 = 0.12\%$
社　債	40億円	40%	2.4%	0.96%	$40\% \times 0.024 = 0.96\%$
資本金	50億円	50%	10.0%	5.00%	$50\% \times 0.100 = 5.00\%$
合　計	100億円	100%	－	6.08%	←WACC

　　　　WACC　→　6.08%

　　　加重平均資本コスト（額）→ 6億800万円
　　　　　　　　　　　　　　　　　　　↑
　　　　　　　　　　　　　　　（100億円×6.08%）

講義15　経済的付加価値（EVA）

【1】経済的付加価値（EVA）

◆ 経済的付加価値

経済的付加価値（Economic Value Added：EVA®。EVA®はスターン・スチュワート社（Stern Stewart & Co.）の登録商標である。以下®は省略する）は，利益に税引後利益を用いることが特徴である。税引後営業利益を，**NOPAT**（Net Operating Profit after Tax）と称している。EVAは，投資利益率の過少投資などを回避し，株主価値を向上させるために概念的に工夫されたものである。

> **経済的付加価値**
> （EVA：Economic Value Added）
>
> EVA ＝ 税引後営業利益 － 加重平均資本コスト

◆ 残余利益とEVA

EVAは，残余利益の思考から派生したもので，その本質的な概念は同じである。残余利益あるいは経済的付加価値は，その目的性に応じて使い分けることになる。

> ○残余利益（RI）
>
> 残余利益 ＝ 利益 － 資本コスト
>
> ○経済的付加価値（EVA）
>
> EVA ＝ 税引後営業利益 － 加重平均資本コスト
>
> →EVAは，残余利益から派生したもの

講義15　経済的付加価値（EVA）

【2】EVAの算出

◆ **EVAの計算方法**

EVAでは，他人資本コストを営業費用から分離することに特徴がある。

> **Practice**
>
> 以下におけるEVAはいくらと算出されるか？
>
> | | |
> |---|---|
> | 売 上 高 | 1,000,000円 |
> | 営業費用 | 300,000円 |
> | | （※実効税率40%） |
> | 他人資本 | 200,000円（利率5%） |
> | 自己資本 | 800,000円（利回り10%） |

◆ **WACCおよび加重平均資本コスト（額）の計算**

EVAを算出するため，はじめにWACC，次に加重平均資本コスト（額）を計算する。

$$WACC = \frac{200,000}{1,000,000}(1-0.4) \times 5\% + \frac{800,000}{1,000,000} \times 10\%$$
$$= 8.6\%$$

加重平均資本コスト（額）＝ 1,000,000円 × 8.6% ＝ 86,000円

講義15　経済的付加価値（EVA）

【3】EVAの算出表

◆ EVAの算出表

EVAとして求められる数値は，残余利益の方法を用いても同じ結果になる。

◀EVAの算出プロセス▶

（単位：円）

売 上 高	1,000,000
営業費用	300,000
営業利益	700,000
法人税等	280,000
税引後営業利益	420,000
資本コスト	86,000
EVA	334,000

◆ 残余利益と投資利益率の特化性

残余利益およびEVAを含め，これらと投資利益率の指標としての違いが，意思決定において背反する事象を招くことがある。しかし，どのような指標であれ，やはり目的性を考慮した上で用いることが重要である。

◀指標の特化性▶

○投資利益率（ROI）
　→利益率の増大に関心が向かい，投資を抑制する傾向が生まれる
○残余利益（RI）
　→利益額の増大に関心が向かい，投資の効率性が軽視される

講義15 経済的付加価値(EVA)
【4】残余利益と投資利益率の背反事象

◆ 残余利益と投資利益率の背反
分析法が異なると分析値も異なり,異なる意思決定をもたらす。

Practice

以下において,ROIによる場合と残余利益による場合とで,新規投資(案)の採択は,どのように判断されるか?

■現在の利益と投資額
利　益　1,000千円
投資額　5,000千円
資本コスト率(12%)

■新規の投資(案)
利　益　140千円
投資額　1,000千円
資本コスト率(12%)

＊実効税率は考慮しない。

《ROIによる場合》

投資前・投資利益率(ROI) $= 20\% = \dfrac{1{,}000千円}{5{,}000千円}$

投資後・投資利益率(ROI) $= 19\% = \dfrac{(1{,}000千円 + 140千円)}{(5{,}000千円 + 1{,}000千円)}$

新規投資(案)は否決

《残余利益による場合》

投資前・残余利益(RI) ＝ 400千円 ＝ 1,000千円 － (5,000千円×12%)

投資後・残余利益(RI) ＝ 420千円 ＝ (1,000千円 + 140千円) －
　　　　　　　　　　　　　　　　　　(5,000千円 + 1,000千円)×12%

新規投資(案)は採択

第7章

投資意思決定

本章のポイント

講義16 ● 投資意思決定の評価方法
- □ 投資意思決定の評価方法にはさまざまなものがある。
- □ どれも固有の意義があり，使い分ける必要がある。

講義17 ● 投資意思決定評価法の計算1
- □ 原価比較法を理解する。
- □ 投資利益率法を理解する。
- □ 回収期間法を理解する。

講義18 ● 投資意思決定評価法の計算2
- □ 内部利益率法を理解する。
- □ 現在価値法を理解する。

講義16　投資意思決定の評価方法

【1】投資の類別

◆ 投資の背景

　投資にはさまざまな種類があるが，投資に際して投資額を回収できるか否か検討する必要がある。その回収方法としては，製品などの販売による直接的回収もあれば，収益の増大や生産性の向上などによる間接的回収などがある。回収の方法は多角的に捉えることができる。企業の資金循環が好調な場合は，積極的投資が行われるが，循環が悪化すると投資は抑制される。投資の推移は，景気判断における経済指標として活用されている。企業の投資が盛んであることは，経済が好調であることを裏付けるものとなる。

　研究開発投資は，新製品などの開発に，そして設備投資は生産性の向上に，また，企業買収投資は企業規模の拡大に，物財投資は運用収益の増大に，組織構造改革は組織能力の効率化に，それぞれ寄与する。それぞれの投資は，結果として企業価値を高めるものにほかならない。

講義16 投資意思決定の評価方法
【2】投資意思決定に必要な割引現在価値

◆ 割引現在価値

投資額を回収するには数年の歳月を要することは常であり，この場合，回収にかかる資金（キャッシュ）の現在価値を測定・評価しなければならない。キャッシュの現在価値（**割引現在価値**：Discounted Cash Flow）は，将来価値を現在に割り引いて算定する。これを，**割引現在価値法**という。

◀ 割引現在価値法（DCF）▶

「割引」とは
→現在の価値は，将来も同一ではないという認識

理由
→物価スライドは変動する

◆ 割引現在価値の算出公式と例題

◀ 割引現在価値の公式 ▶

$$P = F \times \frac{1}{(1+r)^n}$$

P：現在価値　将来価値：F　年数：n　年利：r

Practice

2年後の882,000円の現在価値は？（年利5％）

$$840,000円（1年前）= 882,000円 \times \frac{1}{(1+0.05)^1}$$

$$800,000円（現\ \ 在）= 882,000円 \times \frac{1}{(1+0.05)^2}$$

講義16　投資意思決定の評価方法

【3】投資の評価方法

◆ 投資評価法

　投資を実施するか否かの評価方法として，通常は5つの方法が用いられる。しかし，いずれも確定的用法ではないため，利点・欠点を考慮した上で扱う必要がある。各種の方法による投資の評価においては，割引現在価値を用いる場合や，キャッシュフローを用いる場合があるなど，組み合わせを適正に行わなければならない。

　投資評価において，リスクを回避するために，意図的な施策を行うことがある。たとえば，投資額の回収において，リスクが高い場合には，回収の期間を短く見積もったり，また割引率を高めて現在価値を小さく評価したりすることがある。さらに，意思決定における人的な期待値の評価や，景気判断の予測値を加味した感度分析による評価，そして投資案件のリスクの高低の組み合わせの最適化を図るためのポートフォリオによる評価などを盛り込むことがある。

　これらの評価法のなかで，係数表を用いて算定するものがあり，その参照が不可欠な場合がある。係数表の種別については講義18の【1】に記載し，個別の係数表は巻末に掲載している。

◀投資評価法▶

○原価比較法　　　○内部利益率法
○投資利益率法　　○現在価値法
○回収期間法

講義16 投資意思決定の評価方法

【4】原価比較法

◆ 原価比較法

代替案との比較により，その原価の額が優位であれば採択する。

◂原価比較法▸

2つの代替案を比較して，原価の低い投資案を採択する方法。この場合に原価として採用されるのは年額原価となる。

$$年額原価 = 資本回収費 + 操業費$$

資本回収費→回収すべき投下資本
　　　　　（減価償却費・投下資本額など）
操　業　費→投下資本の稼働にかかる費用
　　　　　（運用・稼働費など）

$$資本回収費 = \frac{投資の要償却額}{投資の経済命数}$$

◂原価比較法の特性▸

○投資の効果を利益との関連で評価しないために，拡張投資の決定法としては適していない。
○取替投資や公共事業投資など，原価評価を主とする投資に適している。

講義16 投資意思決定の評価方法
【5】投資利益率法

◆ 投資利益率法
代替案との比較で，投資利益率を是認する場合は採択する。

◀投資利益率法▶

平均利益と投資額の比率によって投資案を評価する方法。投資利益率を是とする場合は投資案を採択する。

$$\text{投資利益率法} = \frac{\text{年平均利益}}{\text{平均投資額}} \text{ および } \frac{\text{年平均利益}}{\text{総投資額}}$$

$$\text{年平均利益} = \frac{\text{年キャッシュフロー総額} - \text{要減価償却額}}{\text{耐用年数（経済命数）}}$$

$$\text{平均投資額} = \frac{\text{投資額} - \text{残存価額}}{2} + \text{残存価額}$$

◀投資利益率法の特性▶

○財務会計数値との整合性が確保される。
○埋没原価が原価要素として包含される。
○単独使用は他の評価法による結果と背反することがある。

講義16 投資意思決定の評価方法
【6】回収期間法

◆ **回収期間法**

回収期間が許容できる場合には採択する。

◀回収期間法▶

投資額の回収に要する期間にもとづいて投資案を評価する方法。回収期間が是であれば投資案を採択する。

$$回収期間 = \frac{投資額}{年キャッシュフロー}$$

◀回収期間法の特性▶

○評価指標として理解が容易。
○財務安全性を優先している。
○利益確保の観点が希薄である。

◀回収期間法（現在価値補完法：現在価値を考慮する）▶

$$回収期間 = （n-1）年 + 12ヶ月 \times \frac{投資額-（n-1）年までのキャッシュフロー増額}{n年キャッシュフロー額}$$

講義16 投資意思決定の評価方法
【7】内部利益率法

◆ **内部利益率法**

資本コスト（率）より内部利益率が高ければ採択する。

◀内部利益率法▶

　投資額と回収額が同一になる割引率を算出し，資本コスト（率）と比較して投資案を評価する方法。資本コスト（率）よりも割引率が高い場合は投資案を採択する。

$$投資額 = \frac{C_1}{(1+r)} + \frac{C_2}{(1+r)^2} + \cdots + \frac{C_n}{(1+r)^n}$$

＊　C：キャッシュフロー　r：割引率

◀内部利益率法の特性▶

○資本コスト率との比較が所与となる。
○投資規模を考慮していない。
○複数解や無解になることがある。
○他の解法を併用することがある。

講義16　投資意思決定の評価方法

【8】現在価値法

◆ **現在価値法**

回収可能額が正であり、その額が容認できる場合は採択する。

◀ 現在価値法 ▶

　回収可能額の現在価値を資本コスト（率）によって割り引き、投資額との差異を評価する方法。回収可能額の現在価値が正となれば投資案は採択する。

◆正味現在価値法

$$\text{正味現在価値} = \text{キャッシュフローの現在価値合計} - \text{投資額}$$

◆現在価値指数法

$$\text{現在価値指数} = \frac{\text{キャッシュフローの現在価値合計}}{\text{投資額}}$$

◀ 現在価値法の特性 ▶

○正味現在価値法では、金額の大小のみが評価の判断基準となる。
○現在価値指数法では、投資効率を考慮する。

講義17 投資意思決定評価法の計算1
【1】原価比較法による算定

◆ **原価比較法**

計算過程は容易であり、理解しやすい。

> **Practice 1**
>
> 以下において、原価比較法により、年額原価はいくらと算定されるか?
>
> | 投資額 | 400億円 |
> |---|---|
> | 経済命数 | 4年 |
> | 残存価値 | 40億円 |
> | 年間操業費 | 10億円 |
>
> 減価償却方法は定額法
>
> $$\text{年額原価} = \frac{400\text{億円} - 40\text{億円}}{4\text{年}} + 10\text{億円}$$
> $$= 100\text{億円}$$

◆ **原価比較法(現在価値を考慮する場合)**

残存価値は最終年度に回収されることとなり、それまでの利子は毎年回収する必要がある。

$$\text{年額原価} = \{(\text{投資額} - \text{残存価値}) \times \text{資本回収係数}\} + (\text{残存価値} \times \text{資本コスト率}) + \text{操業費}$$

> **Practice 2**
>
> 上記Practice1について、現在価値を考慮する場合の年額原価はいくらと算定されるか? なお、資本コスト(率)は8%とする。
>
> $$\text{年額原価} = \{(400\text{億円} - 40\text{億円}) \times 0.3019\} + (40\text{億円} \times \underline{0.08}) + 10\text{億円}$$
> $$= 122\text{億円} \qquad \text{資本コスト(率) 8%}$$
>
> *1 資本回収係数は、巻末の係数表に記載の数値。
> *2 四捨五入している。

講義17　投資意思決定評価法の計算1

【2】投資利益率法による算定

◆ **投資利益率法**

投資利益率の数値はその結果のみで投資の可否を判断できず，比較することで有用なものとなる。

Practice

以下において，①平均投資額と②総投資額により，投資利益率はいくらと算定されるか？

投資額	100億円
経済命数	3年
残存価値	10億円
年々の見込利益	50億円

実効税率40%
減価償却方法は定額法

$$\text{年平均利益} = \frac{150億円 - 90億円}{3年} \times (1 - 0.4)$$
$$= 12億円$$

$$\text{平均投資額} = \frac{100億円 - 10億円}{2} + 10億円$$
$$= 55億円$$

① 平均投資額による場合

$$\text{投資利益率} = \frac{12億円}{55億円} \times 100\%$$
$$= 22\%（四捨五入）$$

② 総投資額による場合

$$\text{投資利益率} = \frac{12億円}{100億円} \times 100\%$$
$$= 12\%$$

【税額を考慮しない場合】

$$\text{年平均利益} = \frac{150億円 - 90億円}{3年}$$
$$= 20億円$$

講義17　投資意思決定評価法の計算1
【3】投資利益率法の平均投資額

◆ 平均投資額

　平均投資額は，耐用年数（経済命数）の期間において，その期間平均を意味する。図形的に理解すると全体面積の半分に相当するため，2で除することになる。

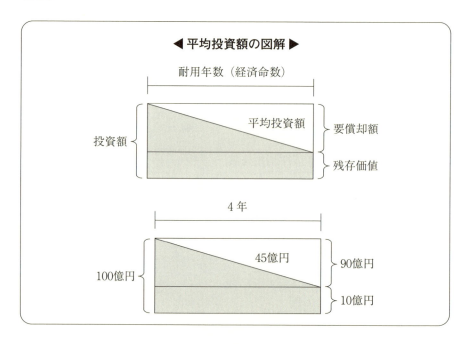

講義17 投資意思決定評価法の計算1

【4】回収期間法による算定

◆ **回収期間法**

現在価値補完法によると，4年を経過せずに回収できる。現価係数から，4年未満であることがわかる。

> **Practice**
>
> 以下において，①単純期間計算の場合と②現在価値補完法による場合における回収期間は，いくらと算定されるか？

投資額	600億円
経済命数	4年
年々の見込利益	200億円

資本コスト（率）12%

①単純期間計算法

$$回収期間 = \frac{600億円}{200億円} = 3年$$

②現在価値補完法

$$回収期間 = (4-1)年 + 12ヶ月 \times \frac{600億円 - 480億円}{127億円}$$
$$= 3年11ヶ月$$

下記の表より，回収期間は，3年以上4年未満となる。

（単位：億円）

年　数	キャッシュフロー	現価係数	現在価値	累積価値
0	−600	1	−600	−600
1	200	0.8929	179	−421
2	200	0.7972	159	−262
3	200	0.7118	142	−120
4	200	0.6355	127	7

＊1 現価係数は，資本コスト（率）12%における場合
＊2 12%の現価係数は，係数表を参照のこと。
＊3 四捨五入している。

講義18　投資意思決定評価法の計算2

【1】係数表

◆ 6つの係数

一般的に6つの係数があり，投資評価に合わせた解釈を行う必要がある。

6つの係数とは，ファイナンシャル・プランニングの領域でよく利用されるものであり，キャッシュフロー表などの作成において用いられる。これらの係数は，個々に年数と利率から，係数表として提示されている。

◀係数表▶

投資によって，経済命数の期間に得られる年々のキャッシュフローの現在価値総計係数。

■6つの係数

終 価 係 数	原資を一定期間に一定利率で複利運用した場合，将来，原資がいくらになるかを計算するときに用いる。
現 価 係 数	将来にわたり，一定期間後に目標となる資金を得るために，現在いくらの原資で複利運用を行えばよいかを計算するときに用いる。
年金終価係数	一定期間に一定利率で，毎年一定額を，複利運用で積み立てる場合，将来いくらになるかを計算するときに用いる。
年金現価係数	原資を一定利率で複利運用しながら，毎年一定金額を一定期間にわたって取り崩す場合，現在いくらの原資を複利運用すればよいかを計算するときに用いる。
減債基金係数	将来における一定期間後に，目標の資金を得るために，一定利率で一定金額を複利運用で積み立てる場合，毎年いくらずつ積み立てればよいかを計算するときに用いる。
資本回収係数	原資を一定利率で複利運用しながら，毎年，一定金額を一定期間にわたり取り崩していく場合，毎年いくらずつ受取りが可能かを計算するときに用いる。

講義18 投資意思決定評価法の計算2

【2】内部利益率法による算定

◆ 内部利益率法(計算式の使用)

Practiceでは、内部利益率が12%となり、資本コスト(率)5%を上回るため採択。

Practice

以下において、内部利益率法によると、いくらと算定されるか?

投資額	2,429億円
経済命数	4年
年々のキャッシュフロー	800億円

資本コスト(率)5%

$$2{,}429億円 = \frac{800億円}{(1+r)} + \frac{800億円}{(1+r)^2} + \cdots\cdots + \frac{800億円}{(1+r)^4}$$

> r = 12%
> r = 12%は、資本コスト(率)5%よりも高い

---

1) 年々のキャッシュフローが同額の場合
　　年々キャッシュフロー総計×年金現価係数=投資額
2) 年々のキャッシュフローが異なる場合
　　試行錯誤により内部利益率を推定する

講義18 投資意思決定評価法の計算2
【3】年金現価係数の採用

◆ 内部利益率法（年金現価係数の使用）

【2】の年々キャッシュフロー総計×年金現価係数＝投資額から，年金現価係数が導き出される。係数表から，12％の利率が判明する。

$$年金現価係数 = \frac{2,429億円}{800億円} = 3.03625\cdots$$

4年で，3.03625‥の年金現価係数に近似する利回りは，12％の場合となる。

（単位：億円）

年　数	キャッシュフロー	現価係数	現在価値
1	800	0.8929	714
2	800	0.7972	638
3	800	0.7118	569
4	800	0.6355	508
	800	3.0374	2,429

現価係数・現在価値の列：加算

年々キャッシュフロー × 年金現価係数 ＝ 投資額

＊1　係数表を参照のこと。
＊2　2,429億円の端数は切り捨てをしている。
＊3　他の金額は四捨五入をしている。

講義18 投資意思決定評価法の計算2

【4】現在価値法による算定

◆ 現在価値法

現在価値に割り引いたキャッシュフローから、回収可能額がわかる。ここでは、係数表から、資本コスト（率）6％の現価係数が用いられる。

> **Practice**
>
> 以下において、現在価値法による①正味現在価値および②現在価値指数は、いくらと算定されるか？
>
> | 投資額 | 8,000億円 |
> |---|---|
> | 経済命数 | 3年 |
> | 1年目のキャッシュフロー | 2,000億円 |
> | 2年目のキャッシュフロー | 3,500億円 |
> | 3年目のキャッシュフロー | 4,000億円 |
>
> 資本コスト（率）6％
>
> 正味現在価値 = 8,360億円 − 8,000億円
> = 360億円
>
> 現在価値指数 = $\dfrac{8,360億円}{8,000億円}$
> = 104.5％
>
> （単位：億円）
>
> | 年数 | キャッシュフロー | 現価係数 | 現在価値 |
> |---|---|---|---|
> | 0 | −8,000 | 1 | −8,000 |
> | 1 | 2,000 | 0.9434 | 1,887 |
> | 2 | 3,500 | 0.8900 | 3,115 |
> | 3 | 4,000 | 0.8396 | 3,358 |
> | 合 計 | | | 360 |
>
> ＊1 係数表を参照のこと。
> ＊2 四捨五入をしている。

第8章

価格決定

本章のポイント

講義19 ● 価格決定の考え方
- ☐ 価格決定にあたっては，多種多様な観点を総合的に考察する必要がある。

講義20 ● 価格決定の計算
- ☐ 全部原価法を理解する。
- ☐ 総原価法を理解する。
- ☐ 売上利益率法を理解する。
- ☐ 目標利益率法を理解する。
- ☐ CVP法を理解する。

講義19　価格決定の考え方

【1】価格決定モデル

◆ 価格決定の経済モデル

　価格決定では，経済モデルの理論が準用して論じられることが多い。価格決定を市場経済モデルに求める場合には，その準用は有用となる。製品を供給する企業と，それを購入（消費）する消費者の需要との均衡点で価格が決まるとする論理は，純粋経済モデルのなかで成立する。

◂ **経済モデル（価格決定）** ▸

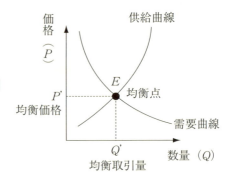

「価格は，需要と供給の均衡点で決定する」

◂ **ワルラスの安定理論** ▸

　供給量が需要量を超過した場合には価格の下落，需要量が供給量を超過した場合には価格の上昇によって，需要量と供給量の差が解消されるような関係になっていること。

◂ **マーシャルの安定理論** ▸

　供給価格が需要価格を超過した場合には数量の減少，需要価格が供給価格を超過した場合には数量の増加によって，需要価格と供給価格の差が訂正されるような関係になっていること。

講義19　価格決定の考え方

【2】価格決定の案件と類別

◆　価格決定

　価格決定では，企業に関する環境要因の分析が欠かせない。価格は，需要と供給の市場均衡バランスが前提となるため，競合他社との関連や，消費の需要環境の認知，消費者の購入による効用（価格対比による満足度），さらには企業の供給によって生じる消費についての経済市場の健全性などの社会的責任を勘案しなければならない。もはや，企業の論理のみで価格決定ができないほどに，市場経済は複雑化している。

◆　価格決定の案件

　価格決定でも，企業の論理が優先されて介在する状況は数多く認め得るが，最終的にはその適正性が市場で問われることになる。

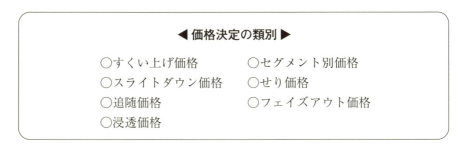

講義19 価格決定の考え方
【3】競争状況・消費需要

◆ 競争状況

市場での競争は完全競争と不完全競争に区分できるが，完全競争が成立している完全競争市場では，競合他社との価格競争が激しくなる。しかし，不完全競争市場では，企業の意図により市場が操作され，価格が誘導されることもある。

```
◀競争状況▶

完全競争市場
 → 市場価格に無条件に追随
 → 原価と価格の極限的トレードオフ状態
不完全競争市場
（寡占市場）：市場価格の値崩回避と業界利益の確保を意図
              →カルテルetc.
（独占市場）：価格は自由設定が可能になる
```

◆ 消費需要

需要法則では価格の下落によって消費者の購買は高まるとするが，価格弾力性は，製品特性により異なる様相を示す。利益幅の小さい低価格品は弾力性が高く，利益幅が大きい高価格品は弾力性が低いのが一般的である。

```
◀消費需要▶

需 要 法 則：価格変動に対する消費需要量の変化

価格弾力性：価格変動率に対する消費需要率の割合
           高い弾力性……価格のわずかな低下で需要が大きく増大する場合
           低い弾力性……価格の大幅引下げで需要が増大する場合
```

講義19　価格決定の考え方

【4】消費者効用・社会的責任・ブランド

◆ 消費者効用

顧客満足は消費者により異なるが，共通するのは**コストパフォーマンス**である。コストパフォーマンスは，消費者に特有の心情により形成される。

―――――――――――――――――――――
◀消費者効用▶

顧客満足
（CS：Customer Satisfaction）
カスタマー・サティスファクション
↓
消費者心理におけるコストパフォーマンスを満たす
―――――――――――――――――――――

◆ 社会的責任

製品などを提供する企業は，消費者の利益を害してはならず，また，社会的・文化的影響を考慮しなければならない。

―――――――――――――――――――――
◀社会的責任▶

消費者生活の健全性を維持する
＊通信料・水道・ガス・電気料・公共交通運賃 etc.
―――――――――――――――――――――

◆ ブランド

ブランドは，レピュテーションにより構築されるもので，消費者の満足度に大きな影響を受ける。ブランドの構築は，消費者の信頼に根付くものである。

―――――――――――――――――――――
◀ブランド▶

無形の価値に対する効用
↑
社会的レピュテーションによる形成
reputation
―――――――――――――――――――――

講義19　価格決定の考え方
【5】すくいあげ価格・スライトダウン価格・浸透価格

◆　すくい上げ価格

> ◀すくい上げ価格▶
>
> 　独創性の高い製品により，他の追随を排除でき，高い価格でも消費需要が見込める場合に設定する。

◆　スライトダウン価格

> ◀スライトダウン価格▶
>
> 　すくい上げ価格を長期的に維持するために，適時にわずかな価格引下げを行い，消費需要を継続的に喚起するために設定する。

◆　浸透価格

> ◀浸透価格▶
>
> 　市場への新規参入や市場占有率を一義的に高めるために設定する。

講義19　価格決定の考え方

【6】セグメント別価格・せり価格

◆　セグメント別価格

◀セグメント別価格▶

　同一，あるいは類似製品であっても，市場別によって価格の差別化が可能な場合に設定する。
　（例）寒冷地仕様車　キッズ・シニア携帯など

◆　せり価格

◀せり価格▶

消費需要の高まりに合わせて設定する。
　（例）肉や魚・野菜・骨董品など

◆　フェイズアウト価格

◀フェイズアウト価格▶

市場からのフェイズアウトに合わせて設定する。
　（例）生鮮品・お弁当など

講義20　価格決定の計算
【1】価格決定会計

◆　価格決定会計

　価格決定には，**短期的な価格決定**と**中長期的な価格決定**とがある。競争状況や消費需要，消費者効用，社会的責任，ブランドの目的性を勘案して価格を決定しなければならない。また，価格決定は，価格政策によって導出される。価格政策は，価格による中長期における利益率の継続的維持や市場占有率の拡大などを達成して，企業の持続的成長を意図するもので，**企業の継続性**という命題を求めるために不可欠なものである。

　価格決定の要素の1つである原価は，生産性を向上させることで低減することができ，価格決定への弾力性を高める。

　価格決定会計としては，全部原価法，総原価法，売上利益率法，目標投資利益率法，およびCVP法が一般的に論じられる。やはり，それぞれの決定法は是々非々をあわせもっている。価格は，市場において消費者と一義的に向き合う購買指標となるため，企業の意思決定における重要案件であるといえる。

```
              ◀価格決定会計▶
    ○全部原価法        ○目標投資利益率法
    ○総原価法          ○CVP法
    ○売上利益率法
```

講義20　価格決定の計算

【2】全部原価法

◆ 全部原価法

全部原価法とは，販売を意図する製品の全部原価を計算し，これに一定の利益を加算して価格を決定する方法である。

◀全部原価法の公式▶

価格＝総原価＋利益
　　＝（製造原価＋販売費＋一般管理費）＋利益

製造原価	
販売費	総原価
一般管理費	

● 製 造 原 価……製品を製造するために費消した費用
● 販　売　費……製品の販売のために費消した費用
● 一般管理費……会社の維持・管理のために費消した費用

営業利益：企業の本業から得られる利益であり，当該企業の実力を示す。

講義20 価格決定の計算
【3】総原価法

◆ 総原価法

総原価法とは，総原価に対してマークアップ率を設定して価格を決定する方法である。

◀総原価法の公式▶

価格＝総原価＋（総原価×マークアップ率）

Practice

以下において，総原価法によると，価格はいくらと算定されるか？

総 原 価	1,000,000円
目標利益率	20%

1,200,000円＝1,000,000円＋（1,000,000円×0.2）

講義20　価格決定の計算

【4】売上利益率法

◆ **売上利益率法**

売上利益率法とは，総原価に目標となる利益率を加味して価格を決定する方法である。

◀売上利益率法の公式▶

$$価格 = \frac{総原価}{(1 - 売上利益率)}$$

Practice

以下において，売上利益率法によると，価格はいくらと算定されるか？

総原価	5,000,000円
売上利益率	20%

$$6,250,000円 = \frac{5,000,000円}{(1 - 0.2)}$$

講義20 価格決定の計算
【5】目標投資利益率法

◆ **目標投資利益率法**

目標投資利益率法とは，標準生産量における総原価に投資利益率を加味して価格を決定する方法である。

◀ **目標投資利益率法の公式** ▶

$$価格 = 変動費 + \frac{固定費}{標準操業度} + \left\{ 投資額 \times \frac{目標投資利益率}{標準操業度} \right\}$$

Practice

以下において，目標投資利益率法によると，価格はいくらと算定されるか？

単位変動費（原価）	10円
固定費	500,000円
標準操業度	200,000個
目標投資利益率	10%
投資額	1,200,000円

$$13.1円 = 10円 + \frac{500,000円}{200,000個} + \left\{ 1,200,000円 \times \frac{0.10}{200,000個} \right\}$$

講義20 価格決定の計算

【6】CVP法

◆ CVP法

CVP（Cost volume profit）法とは，総原価を変動費のみで計算し，固定費を回収できるように価格を決定する方法である。

◀CVP法の公式▶

$$価格 = \frac{固定費 + 目標利益}{販売数量} + 変動費$$

Practice

以下において，CVP法によると，価格はいくらと算定されるか？

単位変動費（原価）	100円
固定費	400,000円
販売数量	5,000個
目標利益	200,000円

$$220円 = \frac{400,000円 + 200,000円}{5,000個} + 100円$$

第9章

経営意思決定

本章のポイント

講義21 ● 経営意思決定の期待値
- □ 期待値とは何かを理解する。
- □ 属人的な期待値効用は不確実であるが，必然な指標になる。
- □ 情報価値は有効に作用する。

講義22 ● プロダクトミックス分析
- □ 最適なプロダクトミックスを，線形計画法（図解法）で導き出す。

講義23 ● 特殊原価調査
- □ 特殊原価は意思決定でどのように役立つかの理解が重要である。
- □ 部品などについて自社生産によるか購入によるかの決定にあたっては，特殊原価調査が欠かせない。

講義24 ● 在庫管理
- □ 経済的発注量分析（EOQ）は，一定条件の下では有効である。
- □ ABC分析は，商品管理における実態にもとづく分析方法として侮れない。

講義21 経営意思決定の期待値

【1】経営意思決定のリスク

◆ リスク

　経営意思決定を行うにあたって，何らかのリスクが伴うのは避けられないのが現実である。また，リスクをあらかじめ特定することもできない。よって，経営意思決定は，リスクが内在する不確実性のもとで実施しなければならない。しかし，リスクを回避するため，またコントロールするための施策を可能な限り勘案することは必要である。想定されるリスクに対しては，不完全ではあっても対処するための方法論がいくつか提示されているのも事実である。

　リスクは，事象の発生として認識されることが多く，統計学的手法や確率を用いた分析が一般的に行われている。経営意思決定は将来的な意思決定を行うものであるため，リスクの発生予測が不確実になることは必然である。

　リスクへの対処にあたっては，その要因を特定し，発生確率や大きさなどを分析し，リスクが発生した場合における影響としての結果を分析・評価することが不可避である。また，リスクの発生後における，対処費用の積算もあわせて行う必要がある。

◀不確実性下の経営意思決定▶

不確実性　→　予測不能なリスクを含む。
　　　　　　　リスクは管理できない。

経営意思決定の実施
　→　確率分布による期待値を参照する。

| リスク分析 | → | リスク評価 | → | リスク対応 |

講義21 経営意思決定の期待値
【2】期待値

◆ 期待値分析

　期待値は確率で表され，その指標は経営意思決定に役立てられる。期待値による分析・評価はプロジェクトなどにおいても利用される。

> **Practice**
>
> 　以下の資料において，プロジェクトA，プロジェクトBの期待値はいくらになるか？
>
> | 事象見込率 | 景気減速期 0.2 | 景気停滞期 0.5 | 景気拡大期 0.3 | 期待値 |
> |---|---|---|---|---|
> | プロジェクトA | 20億円 | 60億円 | 120億円 | 70億円 |
> | プロジェクトB | 50億円 | 70億円 | 80億円 | 69億円 |
>
> □プロジェクトA
> 　期待値＝（0.2×20億円）＋（0.5×60億円）＋（0.3×120億円）
> □プロジェクトB
> 　期待値＝（0.2×50億円）＋（0.5×70億円）＋（0.3×80億円）

講義21　経営意思決定の期待値

【3】期待効用

◆ 期待効用

　期待効用は，人的な属性によって異なる数値を示すことがある。これは，パーソナリティーの相違によって引き起こされる。経営意思決定においても，意思決定者が人である限り，避けられない期待値のバラツキが発生する。

　また，意思決定者が同一人であっても，意思決定する対象客体が異なると，期待値も異なることが多い。期待値は，主観的評価の効用にほかならない。

> **Practice**
>
> 以下の資料をもとにすると，X氏，Y氏はどちらの投資案を採択するか？
>
> | | 期待効用 |
> | --- | --- |
> | X氏 | 0.8 |
> | Y氏 | 0.3 |
>
> | 投資（案） | 事業開発 | 債券投資 |
> | --- | --- | --- |
> | | 600億円 | 600億円 |
> | 成功の場合 | 4,000億円の利益 | 30億円の利益 |
> | 失敗の場合 | 500億円の損 | |
> | 成功の確率 | 20％ | － |
> | 失敗の確率 | 80％ | |

講義21 経営意思決定の期待値

【4】期待効用の分析

◆ 期待値の分析表

期待効用が異なると，当然に意思決定上で異なる結果が生じる。いずれが適正かを根拠をもって判断することはできない。いわば，期待効用の関数は，属性的に異なる関数を示す。

◀X氏・Y氏の意思決定▶

X氏の選択			Y氏の選択		
投資（案）	事業開発 600億円	債券投資 600億円	投資（案）	事業開発 600億円	債券投資 600億円
成功の場合	800億円	30億円	成功の場合	800億円	30億円
失敗の場合	△400億円		失敗の場合	△400億円	
期待効用	640億円		期待効用	240億円	
	△400億円			△400億円	
	240億円	30億円		△160億円	30億円

X氏は，事業開発（案）を採択する。
（800億×0.8）－400億＝ 240億のプラス

Y氏は，債券投資（案）を採択する。
（800億×0.3）－400億＝△160億のマイナス

講義21　経営意思決定の期待値

【5】情報価値による期待値

◆ 情報価値による期待値

　情報価値による期待値は，情報がない場合と情報が完全である場合とでは，異なる数値を示す。そこには，期待効用という属性が内在していることが考えられる。

◀情報価値による期待値▶

○無情報における期待利益
○完全情報における期待利益
○完全情報の価値

Practice

　以下の資料をもとに，①無情報における期待利益，②完全情報における期待利益，③完全情報の価値を求めなさい。

生産量	販売量	
	100個	200個
	事象確率	
	0.6	0.4
	利　益	
100個	20,000円	20,000円
200個	－10,000円	40,000円

講義21　経営意思決定の期待値

【6】情報価値による分析

◆　情報価値による期待利益の分析

　情報がない場合は，各生産量における期待利益を求め，大きい方を採用する。

　情報が完全な状態で得られる場合は，各生産量における最も有利な期待利益を求める。

　情報が完全であった場合のその情報価値は，情報がない場合との差額として，認識する。

◀ **無情報における期待利益** ▶

期待利益＝20,000円

〈生産量100個の場合〉
（20,000円×0.6）＋（20,000円×0.4）＝20,000円

〈生産量200個の場合〉
（－10,000円×0.6）＋（40,000円×0.4）＝10,000円

◀ **完全情報における期待利益** ▶

期待利益＝28,000円

（20,000円×0.6）＋（40,000円×0.4）＝28,000円

◀ **完全情報の価値** ▶

完全情報価値＝8,000円

完全情報の価値＝完全情報の期待利益－無情報の期待利益
8,000円＝28,000円－20,000円

講義22 プロダクトミックス分析
【1】プロダクトミックス

◆ **プロダクトミックス（製品組み合わせ）**

　複数製品など扱う場合は，それぞれにどの程度の割合で販売すべきかを考え，最適な組み合わせを見つけ出すことが必要である。しかし，何らかの制約条件が実際には存在していると解するのが適切で，そのなかで最適化を図らなければならない。

> ◀プロダクトミックス▶
>
> 　複数製品の生産・販売において，制約条件下で最適な組み合わせを決定する。

◆ **財務数値の分析**

　財務数値によって個別の製品を分析すると，プロダクトミックス全体の解釈に誤りを招く危険がある。あくまでも，全体として概観しなければならない。

Practice

　以下の資料において，共通固定費540を①各製品に配賦した場合の個別利益，および②製品全体でとらえる場合の全体利益を計算して，生産・販売を継続するか否かを検討しなさい。

（単位：千円）

費　目	合　計	財　布	バッグ	ポーチ
売上高	7,600	4,000	3,200	400
変動費	6,100	3,400	2,400	300
限界利益	1,500	600	800	100
個別固定費	800	450	300	50
（利　益）	700	150	500	50

講義22 プロダクトミックス分析

【2】プロダクトミックスの概観

◆ **財務数値の概観**

特定製品に固定費を配賦することによって損失が計上されているが，全体としては利益の稼得に貢献していることがわかる。プロダクトミックスにおいては，全体利益を注視することが必要である。

① 製品に固定費を配賦した場合（個別利益を求める）　　　（単位：千円）

費　目	合　計	財　布	バッグ	ポーチ
売上高	7,600	4,000	3,200	400
変動費	6,100	3,400	2,400	300
限界利益	1,500	600	800	100
個別固定費	800	450	300	50
（利　益）	700	150	500	50
配賦固定費	540	180	320	40
営業利益		-30	180	10

② 製品全体で固定費をとらえる場合（全体利益を求める）　（単位：千円）

費　目	合　計	財　布	バッグ	ポーチ
売上高	7,600	4,000	3,200	400
変動費	6,100	3,400	2,400	300
限界利益	1,500	600	800	100
個別固定費	800	450	300	50
（利　益）	700	150	500	50
配賦固定費	540			
営業利益	160			

⇩

（単位：千円）

	合　計	財　布	バッグ	ポーチ
（利　益）	700	150	500	50
配賦固定費	540			
営業利益	160			

共通固定費の回収に，財布は150千円の貢献をしているので，生産・販売は継続。

講義22 プロダクトミックス分析

【3】制約下でのプロダクトミックス

◆ 制約にもとづくプロダクトミックス

制約には，**生産上における制約**と**販売上における制約**があることは，実体経済のもとでは必然である。プロダクトミックスは，これらの制約のもとで決定しなければならない。

Practice

製品Aと製品Bの生産時間として，それぞれ10時間と2時間が必要である。しかし，生産上の制約がある。以下の前提に基づく場合，限界利益の最大値はいくらになるか？

	製品A	製品B
生産時間	10時間	2時間

制約条件

> 双方の生産における総時間が20,000時間を超えることはできない。さらに，製品Bは，6,000個が生産・販売の限度である。

	製品A	製品B
販売価格	120円	100円
単位変動費	60円	70円
単位限界利益	60円	30円
必要生産時間	10時間	2時間
単位時間限界利益	6円	15円

（製品A）　6円＝60円÷10時間
（製品B）　15円＝30円÷2時間

講義22　プロダクトミックス分析

【4】線形計画法（図解法）

◆ 線形計画法による分析

プロダクトミックスを線形計画法で分析するためには，まず図解公式を導かなければならない。

図解法で用いる公式として，**生産上の公式**，**販売上の公式**，**目的関数**の3つが必要となる。これらから，最大の限界利益をもたらすプロダクトミックスが明らかになる。

【3】のPracticeより，以下の公式が導かれる。

製品Aの生産量をA
製品Bの生産量をB　　$A \geq 0$　$B \geq 0$

生産上の制約	$10A + 2B \leq 20{,}000$
販売上の制約	$B \leq 6{,}000$
目 的 関 数	$Z = 60A + 30B$

◆ 公式の展開

それぞれの公式を一次直線で表し，関数として認識する。そして，これらを図式として描くことになる。

$10A + 2B \leq 20{,}000$　→　$B \leq -5A + 10{,}000$

$B \leq 6{,}000$　　　　　→　$B \leq 6{,}000$

$Z = 60A + 30B$　　　→　$B = -2A + \dfrac{1}{30} Z$

講義22 プロダクトミックス分析

【5】線形計画法（図解法）の導出

◆ 公式の図式化
生産上の公式と，販売上の公式を図に描く。

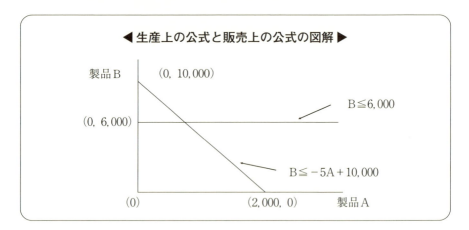

◀生産上の公式と販売上の公式の図解▶

◆ 図式による領域
2つの公式線によって囲まれる領域が表れる。

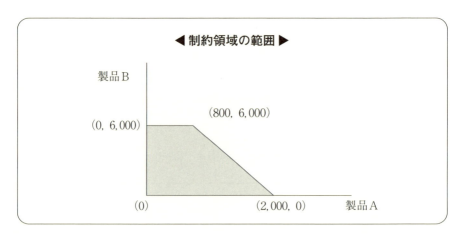

◀制約領域の範囲▶

講義22 プロダクトミックス分析

【6】線形計画法（図解法）様態

◆ **目的関数の接点**

　図式化された2つの公式に囲まれた領域に，目的関数がその領域と接する接点が，プロダクトミックスの最適な組み合わせを示す数値として導き出される。接点の座標値を目的関数に代入すれば，**最大限界利益**がわかる。

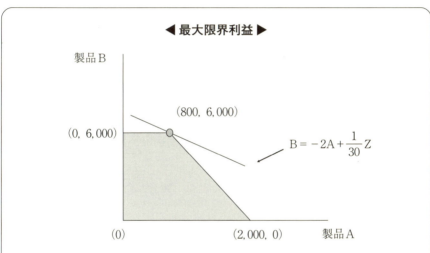

　製品A800個と製品B6,000個を生産・販売する場合に，限界利益の最大値を得ることになる。

$$↓ \text{代入}$$

目的関数　$Z = 60A + 30B$

$Z = 228,000$円

限界利益最大値 ＝ 228,000円

講義23　特殊原価調査
【1】経営意思決定の特殊原価

◆　特殊原価

　経営意思決定における特殊原価として最も一般的な概念が，**機会原価**と**差額原価**，そして**埋没原価**である。機会原価は，その総称が特殊であるため機会損失と称することがある。

　原価計算制度では，通常の原価計算と特殊原価計算（調査）に区分することができる。原価計算制度では，財務会計上の要請による原価計算が主であるが，別途に特殊原価計算（調査）は，経営意思決定上で実施される。特殊原価計算（調査）は，経営意思決定で必要に応じて実施されるものであって，通常の原価計算と認識を異にする。

◀経営意思決定における原価概念▶

（機会原価）
　代替案のうち，あるものを採用した結果，断念した案から得られるであろう利益。
（差額原価）
　代替案を採用することによる増分原価あるいは低減原価。
（埋没原価）
　意思決定の際に，無関係な原価。
　→　過去または現在に発生中であり，当案の採用の可否に無関係な原価。

講義23 特殊原価調査

【2】特殊原価の計算

◆ 特殊原価の計算

新規の案件を実施するか否かの経営意思決定を行う場合，機会原価と差額原価および埋没原価を計算することが重要である。新規案件を実施して，増分利益が認められる場合には，実施に至るものと解する。

> **Practice**
>
> 以下の資料における①機会原価，②差額原価，③埋没原価はいくらか？
>
> | K大学では，講座の開講を試案している。 |
> | --- |
> | ○受講料　　　　　　4万円（1人） |
> | ○受講者数　　　　　50人 |
> | ○講師謝礼金　　　　40万円 |
> | ○講座広告費　　　　50万円 |
> | ○資料費・光熱費　　20万円 |
> | ＊現在，校舎の減価償却費は12万円 |
>
> 【解】
>
> 収　益（50人×4万円）　　　　　200万円
> 増分原価
> 　　講師料　　　　　40万円
> 　　広告費　　　　　50万円
> 　　資料費・光熱費　20万円　　110万円
> 利　益　　　　　　　　　　　　　 90万円
>
> 　　①機会原価　　　　　　＝ 90万円
> 　　②差額原価（増分原価）＝110万円
> 　　③埋没原価　　　　　　＝ 12万円

講義23 特殊原価調査
【3】自製か購入かの経営意思決定（単品）

◆ 自製か購入かの経営意思決定（単品）

自製すべきか購入すべきかの経営意思決定では、埋没原価の取扱いが重要な決定要因になることがある。

> **Practice**
>
> 部品A1個あたりの購入原価が10,000円で、これらを自製すると、製造原価として13,000円が発生する。部品製造に使用する機械の減価償却費は4,000円であり、機械は他に転用ができない。
> この場合、自製と購入のいずれを選択すべきか？
>
> 部品Aの原価構造
>
> | 原価要素 | 金　額 |
> |---|---|
> | 直接材料費 | 5,000円 |
> | 直接労務費 | 3,000円 |
> | 変動間接費 | 1,000円 |
> | 固定間接費 | 4,000円 |
> | 製 造 原 価 | 13,000円 |
>
> ＊固定間接費は減価償却費

講義23　特殊原価調査
【4】自製か購入かの決定

◆ 自製か購入かの結論
結論は、自製との決定に至る。

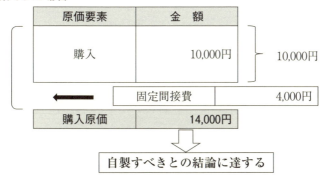

◀自製vs.購入の判断プロセス▶

■自製した場合

原価要素	金　額
直接材料費	5,000円
直接労務費	3,000円
変動間接費	1,000円

9,000円

固定間接費	4,000円
製造原価	13,000円

■購入した場合

原価要素	金　額
購入	10,000円

10,000円

固定間接費	4,000円
購入原価	14,000円

自製すべきとの結論に達する

- 購入するほうが、3,000円分有利と思える。
- しかし、固定費4,000円が埋没原価となる。
- 購入すると、固定費4,000円が別途に費用として発生するため、総額で14,000円となる。
- 自製する場合は、総額13,000円と認識する。
- 利得は、総額1,000円となる。

講義23　特殊原価調査
【5】自製か購入かの経営意思決定（複数品）

◆ 自製か購入かの経営意思決定（複数品）

複数品の場合は，自製と購入の組み合わせを最適化しなければならない。

Practice

K産業会社は，部品Xを自製しているが，現在は購入している部品Yの価格が高騰しているため，自製を検討している。

しかし，現状の生産能力は限度に達している。よって部品Xと部品Yの両方を自製することはできない。さらに，部品Yの自製には，新たに生産設備を，別途に賃借する必要がある。

以下の資料を前提としたとき，自製と購入のいずれを選択すべきか？

制約条件

- 部品Yを自製する場合は，800,000円の設備の賃借料が発生する。
- 部品Xおよび部品Yの必要量は，ともに40,000個である。

部品Xと部品Yの購入原価

部品X	
購入原価	800円／個

部品Y	
購入原価	900円／個

部品Xと部品Yの製造原価

部品X	
直接材料費	400円／個
変動加工費	200円／個
製造原価	600円／個

部品Y	
直接材料費	450円／個
変動加工費	250円／個
製造原価	700円／個

講義23　特殊原価調査

【6】自製と購入の組み合わせの決定

◆ **自製か購入かの結論**

結論は，自製と購入の組み合わせとの決定に至る。

◀自製vs.購入の判断プロセス▶

■部品X

	部品X（自製）	部品X（購入）
購入原価		32,000,000円
製造原価	24,000,000円	
合　計	24,000,000円	32,000,000円

24,000,000円＝600円／個×40,000個

32,000,000円＝800円／個×40,000個

■部品Y

	部品Y（自製）	部品Y（購入）
購入原価		36,000,000円
製造原価	28,000,000円	
固定費	800,000円	
合　計	28,800,000円	36,000,000円

28,000,000円＝700円／個×40,000個

36,000,000円＝900円／個×40,000個

	部品X（自製） 部品Y（購入）	部品X（購入） 部品Y（自製）
購入原価	36,000,000円	32,000,000円
変動加工費	24,000,000円	28,000,000円
固定費		800,000円
合　計	60,000,000円	60,800,000円

結論：部品Xを自製し，部品Yを購入する。

800,000円の有利となる。

講義24　在庫管理
【1】経済的発注量分析（EOQ分析）

◆　**経済的発注量分析**（Economic Order Quantity Analysis）

　経済的発注量分析は，発注費用と保管費用を総額で最適化する方法である。いわば，発注費用と保管費用が総額で最小化する発注量を導き出す。しかし，このEOQ分析には，前提が設けられている。前提が成立しない状況下では，EOQ分析は適さないことになる。

◀EOQ分析の前提▶

○発注コストが一定である。
○需要が年間を通して平均的に分散している。
○リードタイムが固定されている。
○購入価格が一定である。

◆　**発注費用と保管費用の計算式（年間）**

　いずれの計算式も，年間の見積予測にもとづくものである。

$$発注費用 = 1回あたりの発注費用 \times \frac{年間需要量}{1回あたり発注量}$$

$$保管費用 = 単位あたりの年間保管費用 \times \frac{1回あたり発注量}{2}$$

講義24　在庫管理

【2】発注費用と保管費用

◆　発注費用と保管費用のグラフ

　発注費用は，1回あたりの発注量が増えると低減するが，保管費用は逆に1回あたりの発注量が増えると増加する。

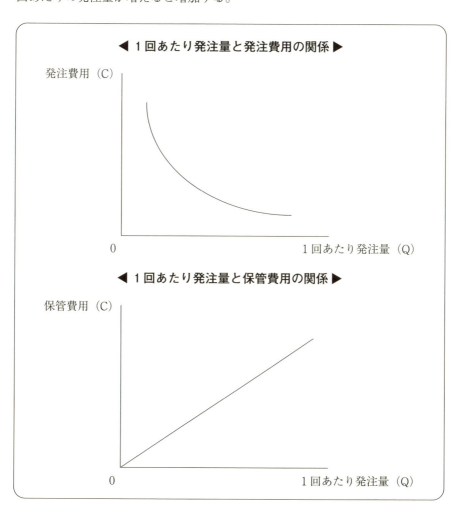

講義24　在庫管理
【3】経済的発注量

◆ 経済的発注量

図式から，経済的発注量の算出公式が導き出される。

発注費のグラフと保管費用のグラフの交点において，最も総費用が低減する。

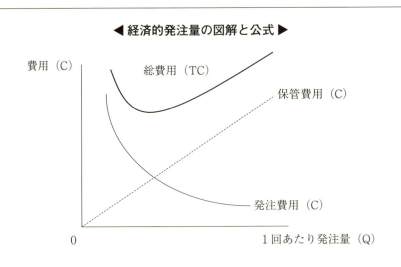

◀経済的発注量の図解と公式▶

（年間最少費用）

発注費用＝保管費用

$$1回あたりの発注費用 \times \frac{年間需要量}{1回あたり発注量}$$

$$= 単位あたりの年間保管費用 \times \frac{1回あたり発注量}{2}$$

$$経済的発注量 \begin{pmatrix} 1回あたり \\ 発注量 \end{pmatrix} = \sqrt{\frac{2 \times (1回あたり発注費用) \times 年間需要量}{(単位あたり年間保管費用)}}$$

講義24　在庫管理

【4】定量発注点方式と定期発注点方式

◆ 定量発注点方式の計算

在庫が設定された数量まで減ると，発注を行う。

◀定量発注点方式▶

発注点 ＝（1日あたりの平均使用量×調達日数）＋ 安全在庫量

Practice

A部品は，1日に2個使用し，発注してから3日で納品されるが，その安全在庫量を2個とする場合，発注点は何個と算定するか？

8個＝（2個×3日）＋2個

◆ 定期発注点方式の計算

あらかじめ決められた日数が経過すると（定期的），補充に必要な数量を発注する。

◀定期発注点方式▶

発注量 ＝（発注日間隔＋調達日数）×予定使用量＋安全在庫量
　　　　－現在の在庫量－現在の発注残量

Practice

発注日間隔が7日で，調達日数は3日。そして，予定使用量は3個で，安全在庫は3個，現在の在庫量は2個。また，現在の発注残量が1個の場合，発注量はいくらと算定するか？

30個＝（7日＋3日）×3個＋3個－2個－1個

講義24　在庫管理

【5】パレートの法則

◆　パレートの法則

　パレートの法則は，証明できる規則性を有するものではなく，事象分析の結果にもとづく経験則として捉えることが適切である。経済現象だけではなく，社会現象や自然現象のなかで，多くの事象には"ばらつき"が存在し，それらを平準化すると，一部のものが全体に大きな関連性をもっていることが明らかになる。実社会では，このような，部分最適を意図することをパレートの法則として準用解釈している。

◀パレートの法則▶

『社会全体の所得の多くは，一部の高額所得者が占めているが，それは国や時代の制度の問題ではなく，一種の社会的自然現象である。』

→社会全体の所得の約8割の部分は，約2割の高額所得者で占められているという統計的な経験則

> 80対20の法則

◆　パレートの法則の準用解釈

　具体的に説明可能であれば，パレートの法則が準用される。

○売上の8割は，全体のうちの2割で占めている。
○売上の8割は，全顧客の2割が生み出している。
○売上の8割は，全従業員のうちの2割が稼いでいる。
○所得税の8割は，納税者のうちの2割が担っている。

講義24 在庫管理

【6】 ABC分析

◆ ABC分析による在庫管理

　ABC分析による在庫管理は，売上に貢献している商品（品目）を順に並べ，その上位20％をAランクとし，20％から80％をBランク，そして80％以上をCランクとする。在庫管理では，このAランクを重点的に管理することになる。これは，すべての商品（品目）を，同一レベルで管理することの不必要性を問うものである。経営資源の投入を，Aランクを中心に行う。これは，パレートの法則による解釈である。

　　　A：重点管理品目群，B：一般管理品目群，C：低管理品目群

　ABC分析では，マーケティングミックスなどの製品販売戦略では，上位20％の製品を集中的に管理することなどが考えられたり，また，顧客の上位20％に対する販売促進が実際に行われている。

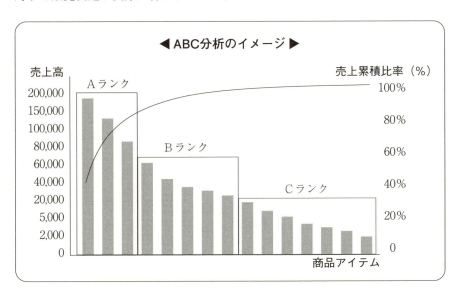

第10章

予算管理

本章のポイント

講義25 ● 予算管理の事例

- ☐ 予算管理の意義を知る。
- ☐ 予算は，支出と収入の両方で編成する。
- ☐ 販売収益の予算差異分析は必須である。

講義25 予算管理の事例

【1】予算管理

◆ 予算管理

予算は，企業の資金統制を実施可能にするために必要不可欠な財務数値であり，収支の両建てで認識される。設定された予算は，事後的に差異分析が実施され，必要性がある場合は是正措置が講じられる。

予算管理は，**予算編成**と**予算統制**から主に構成される。

予算編成
予算を計画し，調整と統制を可能にする基準値を積算する行為。

予算統制
予算と実績を比較し，調整・修正が行われ，最適な施策を導出する行為。

◆ 予算区分

編成すべき予算として，3つが区分されている。**損益予算**は経常的な営業予算として認識され，**資金予算**は資金の源泉や使途ならびに必要残高を認識し，そして**資本予算**はプロジェクト投資や固定資産の購入など，投資予算や設備予算として認識される。

◀予算の区分▶

予算 ─┬─ 損益予算
　　　├─ 資金予算
　　　└─ 資本予算

講義25　予算管理の事例
【2】ゼロベース予算・補正予算

◆ 予算の編成

予算編成は，過去の実績値を趨勢として分析し，見積もられる。しかし，過去の趨勢に制約されると編成上で硬直化を招くため，すべてをゼロから見直すこともある。これが**ゼロベース予算**である。ゼロベース予算は1から予算編成を行うものであり，信頼性のある根拠にもとづかない積算は誤った意思決定を導く恐れがある。

> **ゼロベース予算**
> 過去の予算を継承せずに，新規にゼロから予算を積算し，編成する。

◆ 補正予算

設定された予算に柔軟性をもたせるために，別途に補正予算が編成される。**補正予算**は，偶発的かつ臨時的な事象発生により執行される予算であるため，本来は執行すべきものではない。しかし，発生のリスクに備えて補正予算を組んでいなければ，突然の損失を生じさせてしまう。

> **補正予算**
> 基本予算の変更を余儀なくされる場合に，それを実施可能にするための予算。性質上は，予備の予算。

講義25　予算管理の事例
【3】予算差異（販売価格差異・販売数量差異）

◆　予算差異（販売価格差異・販売数量差異）

売上高差異は，**販売価格差異**と**販売数量差異**に区分して分析する。販売価格差異は予算価格と実際価格の差異から認識し，販売数量差異は予算販売数量と実際販売数量の差異から認識する。

◀予算差異の公式と図解▶

売上高差異＝（実際販売価格×実際販売数量）
　　　　　－（予算販売価格×予算販売数量）

販売価格差異＝（実際販売価格－予算販売価格）×実際販売数量

販売数量差異＝（実際販売数量－予算販売数量）×予算販売価格

講義25　予算管理の事例

【4】販売価格差異・販売数量差異の分析

◆ 販売価格差異・販売数量差異の分析

Practice

以下において、販売価格差異と販売数量差異は、いくらと算定されるか？

A製品	予算販売数量	予算販売価格
	2,000個	500円
	実際販売数量	実際販売価格
	1,800個	480円

予算販売価格
@500円

実際販売価格
@480円

販売価格差異
△36,000円

販売数量差異
△100,000円

実際販売数量
1,800個

予算販売数量
2,000個

講義25　予算管理の事例

【5】セールスミックス差異・総販売数量差異

◆ **セールスミックス差異・総販売数量差異**

セールスミックス差異と総販売数量差異は，複数製品を販売する場合において分析される。

◀セールスミックス差異と総販売数量差異の公式と図解▶

$$\text{セールスミックス差異} = \frac{\text{予算}}{\text{販売価格}} \times \left(\frac{\text{実際}}{\text{販売数量}} - \frac{\text{セールスミックス}}{\text{販売数量}} \right)$$

$$\text{総販売数量差異} = \frac{\text{予算}}{\text{販売価格}} \times \left(\frac{\text{セールスミックス}}{\text{販売数量}} - \frac{\text{予算}}{\text{販売数量}} \right)$$

	実際販売数量	セールスミックス販売数量	予算販売数量
予算販売価格 / 実際販売価格	販売価格差異	セールスミックス差異	総販売数量差異

講義25　予算管理の事例

【6】セールスミックス差異・総販売数量差異（加重平均）

◆　セールスミックス差異・総販売数量差異（加重平均）

　セールスミックス差異と総販売数量差異を，個別価格によらず，加重平均価格（予算）を用いて分析することがある。

◀セールスミックス差異・総販売数量差異（加重平均）の公式と図解▶

$$\text{セールスミックス差異} = \left(\dfrac{\text{予算}}{\text{販売価格}} - \dfrac{\text{加重平均}}{\text{販売価格}}\right) \times \left(\dfrac{\text{実際}}{\text{販売数量}} - \dfrac{\text{予算}}{\text{販売数量}}\right)$$

$$\text{総販売数量差異} = \dfrac{\text{加重平均}}{\text{販売価格}} \times \left(\dfrac{\text{実際}}{\text{販売数量}} - \dfrac{\text{予算}}{\text{販売数量}}\right)$$

講義25　予算管理の事例
【7】総販売数量差異（一括）

◆ **総販売数量差異（一括）**

　総販売数量差異（一括）は，複数製品を一括して分析することがある。この場合は，総量としての予算販売数量と実際販売数量ならびに加重平均価格を用いて行う。

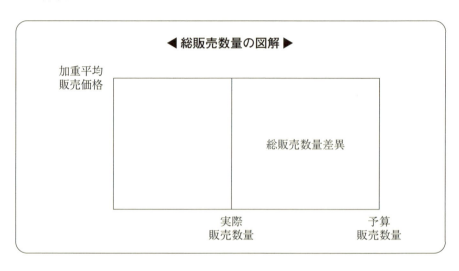

講義25　予算管理の事例

【8】セールスミックス差異・総販売数量差異の分析

◆ **セールスミックス差異・総販売数量差異の分析**

複数製品につき，それぞれに予算販売数量と予算販売価格があり，結果としての実際販売数量と実際販売価格が示される。このそれぞれの予算と実際の差異が，セールスミックス差異・総販売数量差異として分析できる。

Practice

以下において，セールスミックス差異と総販売数量差異はいくらと算定されるか？

	予算販売数量	予算販売価格
A製品	1,500個	1,200円
B製品	2,500個	800円
	実際販売数量	実際販売価格
A製品	1,600個	1,200円
B製品	2,000個	800円

A製品　セールスミックス販売数量

$$1,350個 = \frac{(1,600個 + 2,000個)}{(1,500個 + 2,500個)} \times 1,500個$$

B製品　セールスミックス販売数量

$$2,250個 = \frac{(1,600個 + 2,000個)}{(1,500個 + 2,500個)} \times 2,500個$$

講義25 予算管理の事例
【9】セールスミックス差異・総販売数量差異の算出1

◆ A製品の分析

A製品のセールスミックス差異および総販売数量差異は，以下のように計算される。

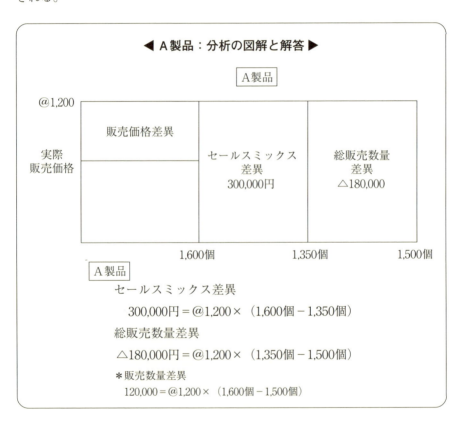

講義25　予算管理の事例

【10】セールスミックス差異・総販売数量差異の算出 2

◆ B製品の分析

B製品のセールスミックス差異および総販売数量差異は，以下のように計算される。

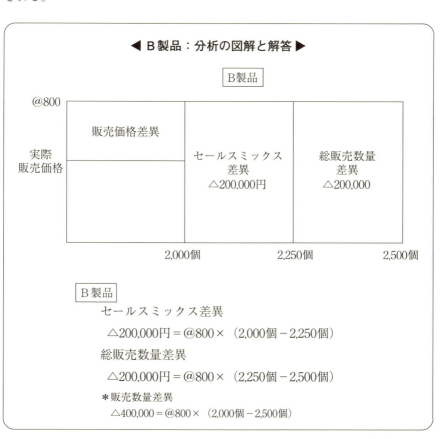

B製品

セールスミックス差異

△200,000円＝＠800×（2,000個－2,250個）

総販売数量差異

△200,000円＝＠800×（2,250個－2,500個）

＊販売数量差異

△400,000＝＠800×（2,000個－2,500個）

講義25　予算管理の事例
【11】セールスミックス差異・総販売数量差異の分析（加重平均）

◆ **セールスミックス差異・総販売数量差異の分析（加重平均）**

　セールスミックス差異・総販売数量差異を計算する場合，加重平均販売価格を用いる方法もある。

> **Practice**
>
> 　以下において，加重平均を用いた場合，セールスミックス差異と総販売数量差異はいくらと算定されるか？
>
> | | 予算販売数量 | 予算販売価格 |
> | --- | --- | --- |
> | A製品 | 1,500個 | 1,200円 |
> | B製品 | 2,500個 | 800円 |
> | | 実際販売数量 | 実際販売価格 |
> | A製品 | 1,600個 | 1,200円 |
> | B製品 | 2,000個 | 800円 |
>
> 加重平均販売価格
>
> $$950円 = \frac{(1,500個 \times 1,200円) + (2,500個 \times 800円)}{(1,500個 + 2,500個)}$$

講義25　予算管理の事例

【12】セールスミックス差異・総販売数量差異の算出（加重平均）1

◆　A製品の分析

　加重平均販売価格を用いた場合のA製品のセールスミックス差異および総販売数量差異は，以下のように計算される。

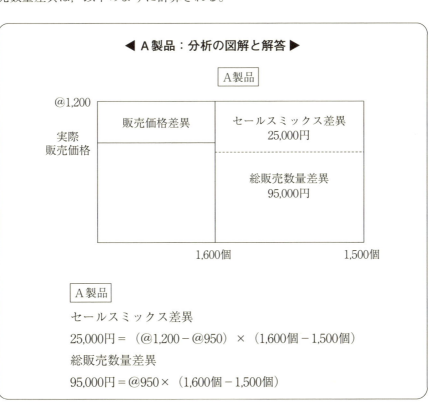

◀A製品：分析の図解と解答▶

A製品

セールスミックス差異
25,000円 ＝ （@1,200 － @950）× （1,600個 － 1,500個）

総販売数量差異
95,000円 ＝ @950 × （1,600個 － 1,500個）

講義25 予算管理の事例
【13】セールスミックス差異・総販売数量差異の算出(加重平均) 2

◆ B製品の分析

加重平均販売価格を用いた場合のB製品のセールスミックス差異および総販売数量差異は，以下のように計算される。

B製品
セールスミックス差異
75,000円 ＝（@800 －@950）×（2,000個 － 2,500個）
総販売数量差異
△475,000円 ＝ @950 ×（2,000個 － 2,500個）

講義25　予算管理の事例

【14】総販売数量差異の算出（加重平均）3

◆ 総販売数量差異（加重平均）

全体としての総販売数量差異は，総体的な差異として求められる。これは，個別に算出した差異を，含有したものとして認知できる。

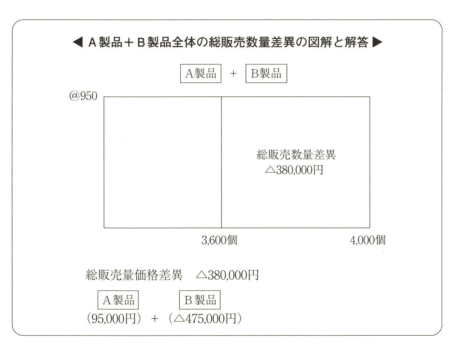

第11章

キャッシュフローと
資金管理

本章のポイント

講義26 ● キャッシュフロー

- □ キャッシュフローは，損益計算書の当期純利益とは別物である。
- □ キャッシュフローの増減には，仕訳による原理が隠れている。

講義27 ● キャッシュ・コンバージョン

- □ キャッシュ・コンバージョン・サイクルは，資金繰りの重要指標である。

講義26 キャッシュフロー

【1】キャッシュフローの意義

◆ 会計上の利益

損益計算書で表示される利益は，**発生主義会計**により求められるものであり，現金（キャッシュ）の増減を表すものではない。よって，利益があっても，資金繰りが困難になる場合がある。いわゆる，**黒字倒産**の現象を招くことになる。

◀ 会計上の利益とキャッシュフロー ▶

損益計算書における利益
↓
発生主義により計算される
（現金の増減に依拠した仕訳ではない）
↓
会計上の利益

Practice

商品10,000円を売り上げ，代金のうち3,000円は現金で受け取り，残額は掛けとした。

旅費交通費2,000円を，現金で支払った。

現在の現金残高はいくらか？

売上高	10,000
旅費交通費	2,000
利　益	8,000

【解】1,000円（3,000円 − 2,000円）

＊あえて，売上原価（商品原価）を考慮しないで認識する。

講義26 キャッシュフロー

【2】キャッシュの増減構造

◆ キャッシュの増減構造

　キャッシュの増減は，資産および負債・純資産（資本）の増減に連動して認識することができる。キャッシュの増減構造は，資産および負債・純資産（資本）に属する各勘定科目の増減を相殺消去することによって，最終的にキャッシュの増減額と各勘定科目の相殺消去後の額と数値が合致するように構築されている。キャッシュの増減は，損益計算書の利益に各勘定科目で求められた額を加算・減算することを通じて算出することができる。

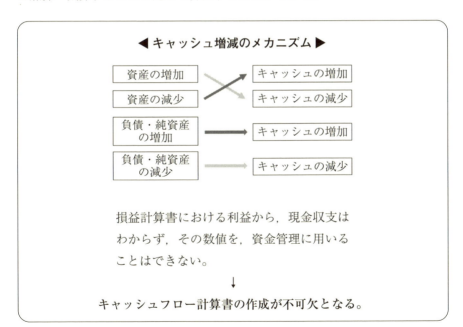

講義26　キャッシュフロー
【3】仕訳によるキャッシュの増減認識

◆　仕訳によるキャッシュの増減認識

　従来の簿記仕訳には，キャッシュの増減を修正するものが多分に存在している。それらは，収益と費用の実態的な実現と未実現を捉えることで，修正が可能になる。簿記仕訳においては，交換取引と損益取引があるが，いずれからも実現・未実現を認識することができる。

◀キャッシュの増減を修正する仕訳と例示▶

①現金は増加したが，収益に計上されていない。
②現金は増加していないが，収益に計上されている。
③現金が減少したが，費用に計上されていない。
④現金が減少していないが，費用に計上されている。

①前受金として，現金30,000円を受け取った。
②商品80,000円を売り上げ，代金は掛けとした。
③機械10,000円を購入し，代金は現金で支払った。
④減価償却費40,000円を計上した。

【仕　訳】

①（現　　　　金）30,000	（前　受　金）30,000
②（売　掛　金）80,000	（売　　　　上）80,000
③（機　　　　械）10,000	（現　　　　金）10,000
④（減価償却費）40,000	（減価償却累計額）40,000

講義26 キャッシュフロー
【4】キャッシュフロー計算書

◆ キャッシュフロー計算書

　キャッシュフロー計算書は，一般的には間接法により，損益計算書の利益に，修正項目を加算・減算することで作成される。簿記仕訳によって，加算するか減算するかは，キャッシュの増減構造にもとづけば，容易に判断することができる。ひな型としてのキャッシュフロー計算書は，区分を設けて整理する。加算・減算は，それぞれの区分のなかで実施される。営業活動によるキャッシュフローはプラスになることが望まれ，投資活動によるキャッシュフローは，積極的投資を行っていればマイナスを示すことになる。

◀当期純利益とキャッシュの関係▶

当期純利益	300,000
前受金	+30,000
売掛金	-80,000
機　械	-10,000
減価償却費	+40,000
キャッシュの残高	280,000

◀キャッシュフロー計算書様式▶

当期純利益	100
営業活動によるキャッシュフロー	80
投資活動によるキャッシュフロー	△10
財務活動によるキャッシュフロー	△50
キャッシュの増減高	20
キャッシュの期首残高	40
キャッシュの期末残高	60

＊通常は，直接法によらず，間接法で行う。直接法はキャッシュに関連するすべての取引を扱うため手続が複雑化し，あまり用いられない。

第11章 キャッシュフローと資金管理

講義27 キャッシュ・コンバージョン

【1】キャッシュ・コンバージョン・サイクル

◆ キャッシュ・コンバージョン・サイクルの仕組み

　キャッシュ・コンバージョン・サイクルは，資金の流動性を測定するもので，資金繰りの判断に有効な分析手法である。これは，資本の投下と回収の経済循環にもとづき，回転率が高いほうが資金繰りの容易性が高まる。

◀ キャッシュ・コンバージョン・サイクル ▶
（Cash Conversion Cycle）

◀ 黒字倒産の可能性はあるか？ ▶

流動資産 (400)	流動負債 (420)
固定資産	固定負債
	純資産

資金回転期間はどうか？

流動負債（200）の返済は20日

流動資産（300）の回収は10日

資金流動性が高く返済可能

結果，黒字倒産はしない！

講義27 キャッシュ・コンバージョン

【2】オペレーティング・サイクル

◆ オペレーティング・サイクルの仕組み

キャッシュ・コンバージョン・サイクルを測定するためには，オペレーティング・サイクルの認識が不可欠である。

オペレーティング・サイクルは，棚卸資産の回転期間と売上債権の回転期間の総計として求める。

◀オペレーティング・サイクル▶

棚卸資産回転期間＋売上債権回転期間

$$棚卸資産回転期間 = \frac{棚卸資産}{売上原価} \times 365日$$

$$売上債権回転期間 = \frac{売上債権}{売上高} \times 365日$$

＊1　売上債権＝受取手形＋売掛金－前受金
＊2　1年の期間で考察する以外に半期や四半期で考察することもある。

講義27 キャッシュ・コンバージョン
【3】キャッシュ・コンバージョン・サイクルの測定

◆ キャッシュ・コンバージョン・サイクルの測定

　キャッシュ・コンバージョン・サイクルは，オペレーティング・サイクルから買入債務の回転期間を控除して測定する。売上債権の回収は早いほうがよく，買入債務の支払いは遅いほうがよい。キャッシュ・コンバージョン・サイクルは短いほうが有利である。

◀キャッシュ・コンバージョン・サイクル▶

（棚卸資産回転期間＋売上債権回転期間）－買入債務回転期間

$$\text{買入債務回転期間} = \frac{\text{買入債務}}{\text{売上原価}} \times 365 \text{日}$$

＊買入債務＝支払手形＋買掛金－前払金

| 棚卸資産回転期間 |
| 売上債権回転期間 | → 短期回転が有利

| 買入債務回転期間 | → 長期回転が有利

講義27 キャッシュ・コンバージョン
【4】キャッシュ・コンバージョン・サイクルの導出

◆ キャッシュ・コンバージョン・サイクルの導出

買入債務回転期間が長期になれば，キャッシュ・コンバージョン・サイクルが短くなることがわかる。

Practice

以下において，キャッシュ・コンバージョン・サイクルはいくらと算定されるか？（期間を1年で考察する場合）

売上高	売上原価	棚卸資産	売上債権	買入債務
4,000千円	3,200千円	640千円	1,600千円	1,280千円

● オペレーティング・サイクル

　　= 棚卸資産回転期間 + 売上債権回転期間

$$73日 = \frac{640千円}{3,200千円} \times 365日$$

$$146日 = \frac{1,600千円}{4,000千円} \times 365日$$

　　= 219日（73日 + 146日）

● 買入債務回転期間

$$146日 = \frac{1,280千円}{3,200千円} \times 365日$$

　　キャッシュ・コンバージョン・サイクル

　　= オペレーティング・サイクル − 買入債務回転期間
　　=（73日 + 146日）− 146日
　　= 73日

＊棚卸資産・売上債権・買入債務は，一般的に期末残高を用いる。しかし他に，期首と期末を平均したものを使用することもある。

第12章

管理工学と管理会計の展開

本章のポイント

講義28 ● 活動原価会計
- ☐ 活動原価会計では，活動の原価に焦点を当てる。
- ☐ 活動原価会計の特徴は，配賦計算の考え方にある。

講義29 ● 管理会計の工学性
- ☐ 管理会計は，工学的な見地からも理論が構築されている。

講義30 ● 管理会計の展開
- ☐ 管理会計の理論は常に発展している。

講義28 活動原価会計

【1】活動原価会計

◆ 活動原価の認識

　従来の原価計算制度においては，製品などの原価計算について，部門・工程に経営資源の消費原価を経由させて，製品などに賦課するという仕組みが確立している。しかし，部門・工程というコストセンターは定性的なセグメントであり，あくまでも計算構造的な区分なのである。よって，製品などの生産と直接的な関係性がないため，計算過程で原価が否められるという問題点を指摘した議論が起きている。そこで，経営資源を消費するのは諸々の活動（activity）であるという理解から，原価発生の原因はその製品などを生産するための諸々の活動であると認識し，計算機構を組織区分から活動区分に変更することが提起されている。このような計算機構のなかで活動の原価を計算し，原価計算をする技法を**活動原価会計**（Activity Cost Accounting）という。

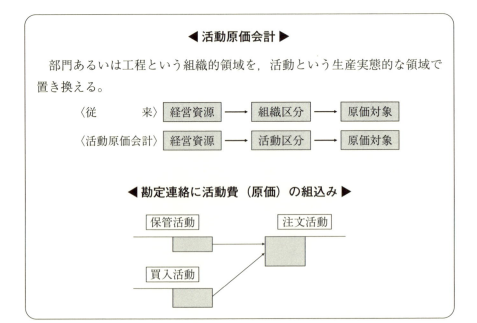

講義28 活動原価会計

【2】計算制度の仕組み

◆ 従来制度の計算構造

経営資源の消費額を，部門を経由して賦課を実施している。

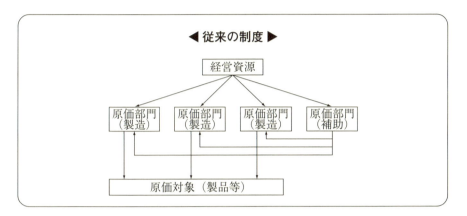

◆ 活動原価会計の計算構造

従来と概観は同じであるが，賦課の過程で相関性のある配賦が行われる。

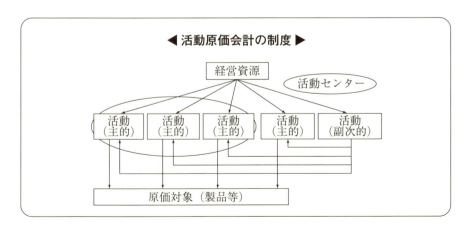

講義28　活動原価会計
【3】活動原価の配賦

◆ 活動原価の配賦

　活動原価会計の特質は，組織区分を活動区分に変えて経営資源の消費額を賦課させる計算構造を有することであるが，本質はそれではなく，配賦基準の多様性にある。経営資源を消費するのは活動であり，その活動を消費するのは製品などの原価対象であると認識し，2段階での配賦計算過程で配賦基準の多様化を図る。ここで，経営資源と活動，そして原価対象との相関性を最も適切に表す配賦基準を採用することが要となる。経営資源の消費額を，活動に配賦するための配賦基準（資源ドライバー）と活動原価を原価対象に配賦するための配賦基準（活動ドライバー）の選定が活動原価会計の命題である。

　また，それぞれの段階で用いる配賦基準に相関性を見出すためには，活動区分のセグメント化にも消費相関性を見出さなければならない。経営資源と原価対象の中位に位置する活動の特性と配賦基準が，配賦ブリッジとしての相関性確保の成否を分ける。

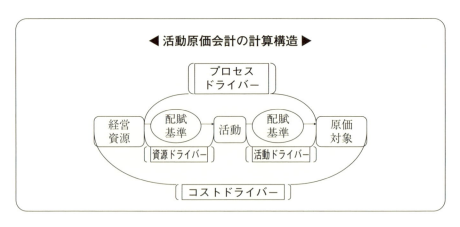

◀活動原価会計の計算構造▶

講義28　活動原価会計

【4】経営資源の消費と未消費

◆　経営資源の消費と未消費

　活動により経営資源が消費されるが，経営資源のすべてが消費されるわけではない。アイドルとなる活動があり，消費されない経営資源の存在は常に認められる。この消費されない経営資源の原価を**未消費資源原価**と称する。そして，原価対象が活動原価を消費するが，やはりすべてを消費するわけではない。いわゆる，無駄な活動があるという認識である。だが，無駄な活動も経営資源を消費しているのは間違いのないことである。これを，**未消費活動原価**と称する。経営管理上では，未消費資源原価を低減させ，全体の経営資源を圧縮することが求められ，また，未消費活動原価を削減することが要請される。

　未消費資源原価の圧縮については，やはり経営上の余裕能力としてある程度の維持は必要である。これは，アイドルキャパシティーコストとしても認識できるものであり，臨時・偶発的な事象に対応可能でなければならない。ただ，未消費活動原価は，極力に削減すべきである。

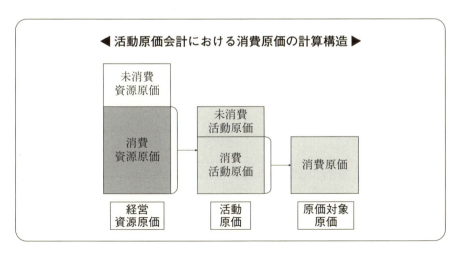

◀活動原価会計における消費原価の計算構造▶

講義28 活動原価会計
【5】活動原価会計の配賦計算

◆ 活動原価会計の配賦計算

　従来の原価計算での配賦と活動原価会計による配賦は，配賦のために用いる配賦基準の意義が異なるものであるため，当然にそれぞれの計算結果は異なるものとなる。従来では，配賦の相関性が維持できていないために，計算される原価に誤りがあるとする思考に立ち，それを払拭するために，活動原価会計の特質である配賦の相関性を代替させることで，結果として計算される原価には信憑性があるものと認識する。簡潔には，従来の配賦では，単一尺度による配賦基準が用いられるが，活動原価会計は，複数の配賦基準が用いられることによる配賦相関性を捉えるものである。

Practice

　部門共通費用の100を，X部門とY部門およびP活動とQ活動に割り当て，最終的に製品Aと製品Bへ配賦する過程を，従来の方法と活動原価会計による方法とで実施する。

部門	活動	費用	所属人数	活動稼働時間	製品	機械稼働時間	活動回数・時間
X部門	P活動	100	6人	4時間	A	7時間	2回
					B	3時間	3回
Y部門	Q活動		4人	6時間	A	8時間	8時間
					B	2時間	32時間

【従来の方法】　□部門共通費用100のX部門とY部門への配賦基準は所属人数
　　　　　　　□部門費の製品への配賦基準は機械稼働時間
【活動原価会計の方法】
　　　　　　　□部門共通費用100のP活動とQ活動への配賦基準は活動稼働時間
　　　　　　　□活動原価の製品への配賦基準は活動回数と活動時間

講義28 活動原価会計

【6】活動原価会計・配賦計算の導出

◆ 従来の方法の計算結果

従来の方法の計算では，A製品の原価が74，B製品の原価が26となる。

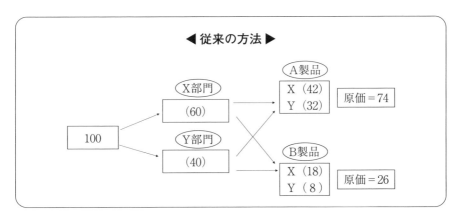

◆ 活動原価会計の計算結果

活動原価会計の計算では，A製品の原価が28，B製品の原価が72となり，従来の計算と異なる結果を導出する。

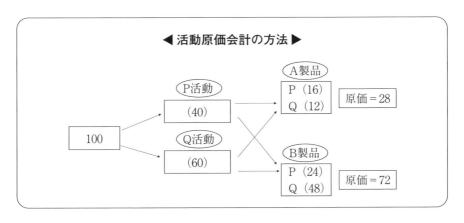

講義29　管理会計の工学性
【1】ライフサイクル・コスティング

◆ **ライフサイクル・コスティング**

　製品などの研究開発から処分に至るまでをライフサイクルとし，そのライフサイクルのなかでコストの発生を管理しようとするのが**ライフサイクル・コスティング**（Life Cycle Costing）である。このコストは，生産者側と消費者側の双方で発生するものとして認識する。生産者側では販売製品の保証費用などがあり，また，消費者側では購入製品を継続して使用することによるランニングコストなどがある。

◀ライフサイクル・コスティング▶

　製品などの研究開発から処分に至るまでのライフサイクルにおける原価を評価・分析する技法。

←──────── 生産者コスト ────────→	←─ 消費者コスト ─→
研究開発 / 設計 / 生産 / マーケティング / 流通	運用 / 処分

Practice

以下の資料におけるA，B，Cそれぞれのライフサイクル・コストはいくらになるか？

	A機械	B機械	C機械
購入価格	2,000万円	3,000万円	4,000万円
運用コスト	72万円/年	36万円/年	30万円/年

＊上記機械を30年間にわたり使用する。

● ライフサイクル・コスト
　　A機械（4,160万円）　＝　2,000万円　＋　（72万円×30年）
　　B機械（4,080万円）　＝　3,000万円　＋　（36万円×30年）
　　C機械（4,900万円）　＝　4,000万円　＋　（30万円×30年）
　　　＊資本コストは考慮していない。

講義29　管理会計の工学性
【2】品質原価計算

◆ 品質原価計算

　品質原価計算は，品質維持活動によって発生するコストを計算するものであるが，生産段階で認識するコストと販売後に生じるコストのいずれをも対象としている。製品品質の不良は，不必要な臨時・偶発コストを招くことになる。また，品質原価を自発的原価と非自発的原価に区分して，それぞれにおける様相を認識しなければならない。自発的原価と非自発的原価はトレードオフ関係にあると一般的には論じられている。とりわけ，品質は，消費者の満足度に密接な影響を与える。

◀品質原価計算▶

　品質管理活動を会計的視点から捉えることにより，品質原価を評価・分析する技法。

　　　　　　　　　　　　　自発的原価

　設計仕様に不適合な製品の発生を予測し，それを未然に防ぐための活動に起因する原価。
　　　　予防原価：不適合品の発生を予防するための原価
　　　　　　　　　→教育・訓練，工程・設備維持，検品
　　　　評価原価：不適合品を選別するための原価
　　　　　　　　　→受入検査，出荷検査

　　　　　　　　　　　　　非自発的原価

　不適合品が発生したことに起因して発生する原価で，失敗原価とする。
　　　　内部失敗原価：引渡前に対策をとるための原価
　　　　　　　　　　　→代品制作，補修
　　　　外部失敗原価：引渡後に対応するための原価
　　　　　　　　　　　→回収，交換，修繕

講義29　管理会計の工学性
【3】原価企画

◆　原価企画

原価企画は，製品などの設計段階でその機能・性能に合致した適正な原価を作り込んで目標原価として設定し，製造段階では設定した目標原価を維持するために原価統制を実施し，原価改善では可能な範囲で原価を低減させる施策を施すなどの一連の活動である。原価企画での特徴は，VE (Value Engineering) である。VEは，価値工学として認識され，主に製品などの企画・設計のフェーズで用いられる。

◀原価企画▶

製品の企画・設計・製造などの上流工程において，原価を作り込むための技法。

原価企画の命題　　価値工学（Value Engineering）
　　　↓　　　　　　　　　　　↓
　目標原価の設定　←　　　　　VE

原価企画
　□製品の企画・設計段階
　　→目標利益を達成するための目標原価の作り込み

原価統制
　□製品の製造段階
　　→目標原価をもとにした標準原価管理

原価改善
　□製品の製造段階
　　→原価改善の実施

◀VE▶

$$価値(Value) = \frac{機能(Function)}{原価(Cost)}$$

＊価値を高めるために機能と原価を調整する。

講義29　管理会計の工学性

【4】ジャスト・イン・タイム

◆　ジャスト・イン・タイム

　ジャスト・イン・タイム（Just in Time）は，必要なときに・必要なものを・必要な量だけ，という指針にもとづく経営管理の手法である。たとえば，部品などの在庫を大量に抱え込むと，保管費用の増大や品質の劣化，破棄処分などの無駄な費用を発生させてしまう。さらに，購入資金は回転しない資金であるため，機会原価を考えれば意思決定の誤りとなる。部品などを外部から購入し製品を組み立てる企業などでは，このジャスト・イン・タイムは経営管理上，有効な手段である。しかし，これを採用する企業は，自社内では正の経済として成立するが，納入業者はいつ何時でも，相手企業が納入を要求すれば，それに対応しなければならず，ある程度の在庫を抱えることになり，納入業者にとっては負の経済となる。

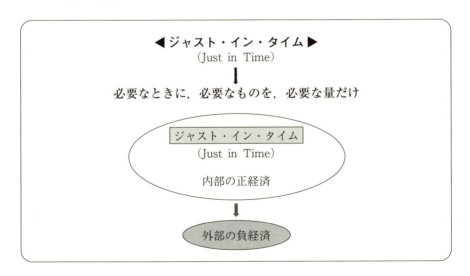

講義30 管理会計の展開

【1】バランスト・スコアカード

◆ バランスト・スコアカード

　バランスト・スコアカード（Balanced Scorecard）は，4つの視点を均衡バランスさせ，経営意思決定に役立てようとする志向のフレームである。4つの視点は，財務数値および非財務数値によりスコア化（点数化）され，1つの領域に経営資源の投入が偏ることがないように，あるいは投入が不足している視点はどこか，さらには投入を増やし改善させる必要がある視点はどこか，など，経営資源の配分における最適化への意思決定情報を提供する経営管理ツールである。言い換えれば，企業の経営戦略策定へのフレームワークである。

◀バランスト・スコアカード▶

　ビジョンをもとに戦略を明確化し，財務数値で表示される業績指標だけではなく，非財務数値をも含め，評価や分析においてバランス化を図るための技法。

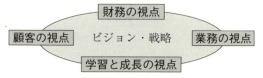

- **財務の視点**：利害関係者に対して，企業業績として財務的に成功するためにどのように行動すべきかの指標を設定する。
- **顧客の視点**：企業のビジョンを達成するために，顧客に対して，どのように行動すべきかの指標を設定する。
- **業務の視点**：財務的目標および顧客満足度の向上を達成させるために，どのような業務プロセスを構築すべきかの指標を設定する。
- **学習と成長の視点**：ビジョンの達成のために組織や個人らが，どう変化すべきかの指標を設定する。

講義30　管理会計の展開
【2】インタンジブルズ

◆　インタンジブルズ

　インタンジブルズ（intangibles）は，通常，無形の資産として解釈される。財務諸表でいう無形資産と同義ではない。その解釈する範囲は広く，企業に便益をもたらす要素・要因を広義に認識しようとするものである。インタンジブルズは，企業における人的資産や組織資産そして情報資産を基礎とするが，それらのトライアングルによって，企業に対するレピュテーション（reputation；評判）がやがてブランドを形成し，またそのブランドがインタンジブルズとなる。インタンジブルズは抽象的ではあるが，万人が無意識に追い求める命題でもある。

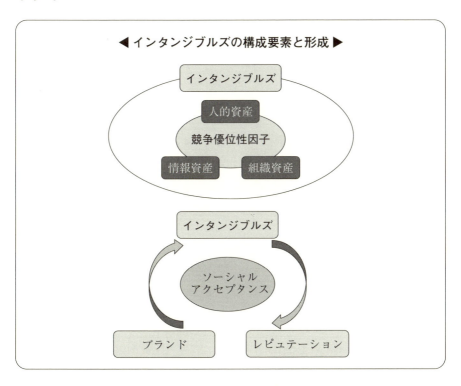

◀インタンジブルズの構成要素と形成▶

資料

○終価係数表　　$(1+r)^n$　(r：利率，n：年数)

年	1%	2%	3%	4%	5%	6%	7%	8%	9%	10%
1	1.0100	1.0200	1.0300	1.0400	1.0500	1.0600	1.0700	1.0800	1.0900	1.1000
2	1.0201	1.0404	1.0609	1.0816	1.1025	1.1236	1.1449	1.1664	1.1881	1.2100
3	1.0303	1.0612	1.0927	1.1249	1.1576	1.1910	1.2250	1.2597	1.2950	1.3310
4	1.0406	1.0824	1.1255	1.1699	1.2155	1.2625	1.3108	1.3605	1.4116	1.4641
5	1.0510	1.1041	1.1593	1.2167	1.2763	1.3382	1.4026	1.4693	1.5386	1.6105
6	1.0615	1.1262	1.1941	1.2653	1.3401	1.4185	1.5007	1.5869	1.6771	1.7716
7	1.0721	1.1487	1.2299	1.3159	1.4071	1.5036	1.6058	1.7138	1.8280	1.9487
8	1.0829	1.1717	1.2668	1.3686	1.4775	1.5938	1.7182	1.8509	1.9926	2.1436
9	1.0937	1.1951	1.3048	1.4233	1.5513	1.6895	1.8385	1.9990	2.1719	2.3579
10	1.1046	1.2190	1.3439	1.4802	1.6289	1.7908	1.9672	2.1589	2.3674	2.5937
11	1.1157	1.2434	1.3842	1.5395	1.7103	1.8983	2.1049	2.3316	2.5804	2.8531
12	1.1268	1.2682	1.4258	1.6010	1.7959	2.0122	2.2522	2.5182	2.8127	3.1384
13	1.1381	1.2936	1.4685	1.6651	1.8856	2.1329	2.4098	2.7196	3.0658	3.4523
14	1.1495	1.3195	1.5126	1.7317	1.9799	2.2609	2.5785	2.9372	3.3417	3.7975
15	1.1610	1.3459	1.5580	1.8009	2.0789	2.3966	2.7590	3.1722	3.6425	4.1772
20	1.2202	1.4859	1.8061	2.1911	2.6533	3.2071	3.8697	4.6610	5.6044	6.7275

年	11%	12%	13%	14%	15%	16%	17%	18%	19%	20%
1	1.1100	1.1200	1.1300	1.1400	1.1500	1.1600	1.1700	1.1800	1.1900	1.2000
2	1.2321	1.2544	1.2769	1.2996	1.3225	1.3456	1.3689	1.3924	1.4161	1.4400
3	1.3676	1.4049	1.4429	1.4815	1.5209	1.5609	1.6016	1.6430	1.6852	1.7280
4	1.5181	1.5735	1.6305	1.6890	1.7490	1.8106	1.8739	1.9388	2.0053	2.0736
5	1.6851	1.7623	1.8424	1.9254	2.0114	2.1003	2.1924	2.2878	2.3864	2.4883
6	1.8704	1.9738	2.0820	2.1950	2.3131	2.4364	2.5652	2.6996	2.8398	2.9860
7	2.0762	2.2107	2.3526	2.5023	2.6600	2.8262	3.0012	3.1855	3.3793	3.5832
8	2.3045	2.4760	2.6584	2.8526	3.0590	3.2784	3.5115	3.7589	4.0214	4.2998
9	2.5580	2.7731	3.0040	3.2519	3.5179	3.8030	4.1084	4.4355	4.7854	5.1598
10	2.8394	3.1058	3.3946	3.7072	4.0456	4.4114	4.8068	5.2338	5.6947	6.1917
11	3.1518	3.4785	3.8359	4.2262	4.6524	5.1173	5.6240	6.1759	6.7767	7.4301
12	3.4985	3.8960	4.3345	4.8179	5.3503	5.9360	6.5801	7.2876	8.0642	8.9161
13	3.8833	4.3635	4.8980	5.4924	6.1528	6.8858	7.6987	8.5994	9.5964	10.6993
14	4.3104	4.8871	5.5348	6.2613	7.0757	7.9875	9.0075	10.1472	11.4198	12.8392
15	4.7846	5.4736	6.2543	7.1379	8.1371	9.2655	10.5387	11.9737	13.5895	15.4070
20	8.0623	9.6463	11.5231	13.7435	16.3665	19.4608	23.1056	27.3930	32.4294	38.3376

○現価係数表　$\dfrac{1}{(1+r)^n}$

年	1%	2%	3%	4%	5%	6%	7%	8%	9%	10%
1	0.9901	0.9804	0.9709	0.9615	0.9524	0.9434	0.9346	0.9259	0.9174	0.9091
2	0.9803	0.9612	0.9426	0.9246	0.9070	0.8900	0.8734	0.8573	0.8417	0.8264
3	0.9706	0.9423	0.9151	0.8890	0.8638	0.8396	0.8163	0.7938	0.7722	0.7513
4	0.9610	0.9238	0.8885	0.8548	0.8227	0.7921	0.7629	0.7350	0.7084	0.6830
5	0.9515	0.9057	0.8626	0.8219	0.7835	0.7473	0.7130	0.6806	0.6499	0.6209
6	0.9420	0.8880	0.8375	0.7903	0.7462	0.7050	0.6663	0.6302	0.5963	0.5645
7	0.9327	0.8706	0.8131	0.7599	0.7107	0.6651	0.6227	0.5835	0.5470	0.5132
8	0.9235	0.8535	0.7894	0.7307	0.6768	0.6274	0.5820	0.5403	0.5019	0.4665
9	0.9143	0.8368	0.7664	0.7026	0.6446	0.5919	0.5439	0.5002	0.4604	0.4241
10	0.9053	0.8203	0.7441	0.6756	0.6139	0.5584	0.5083	0.4632	0.4224	0.3855
11	0.8963	0.8043	0.7224	0.6496	0.5847	0.5268	0.4751	0.4289	0.3875	0.3505
12	0.8874	0.7885	0.7014	0.6246	0.5568	0.4970	0.4440	0.3971	0.3555	0.3186
13	0.8787	0.7730	0.6810	0.6006	0.5303	0.4688	0.4150	0.3677	0.3262	0.2897
14	0.8700	0.7579	0.6611	0.5775	0.5051	0.4423	0.3878	0.3405	0.2992	0.2633
15	0.8613	0.7430	0.6419	0.5553	0.4810	0.4173	0.3624	0.3152	0.2745	0.2394
20	0.8195	0.6730	0.5537	0.4564	0.3769	0.3118	0.2584	0.2145	0.1784	0.1486

年	11%	12%	13%	14%	15%	16%	17%	18%	19%	20%
1	0.9009	0.8929	0.8850	0.8772	0.8696	0.8621	0.8547	0.8475	0.8403	0.8333
2	0.8116	0.7972	0.7831	0.7695	0.7561	0.7432	0.7305	0.7182	0.7062	0.6944
3	0.7312	0.7118	0.6931	0.6750	0.6575	0.6407	0.6244	0.6086	0.5934	0.5787
4	0.6587	0.6355	0.6133	0.5921	0.5718	0.5523	0.5337	0.5158	0.4987	0.4823
5	0.5935	0.5674	0.5428	0.5194	0.4972	0.4761	0.4561	0.4371	0.4190	0.4019
6	0.5346	0.5066	0.4803	0.4556	0.4323	0.4104	0.3898	0.3704	0.3521	0.3349
7	0.4817	0.4523	0.4251	0.3996	0.3759	0.3538	0.3332	0.3139	0.2959	0.2791
8	0.4339	0.4039	0.3762	0.3506	0.3269	0.3050	0.2848	0.2660	0.2487	0.2326
9	0.3909	0.3606	0.3329	0.3075	0.2843	0.2630	0.2434	0.2255	0.2090	0.1938
10	0.3522	0.3220	0.2946	0.2697	0.2472	0.2267	0.2080	0.1911	0.1756	0.1615
11	0.3173	0.2875	0.2607	0.2366	0.2149	0.1954	0.1778	0.1619	0.1476	0.1346
12	0.2858	0.2567	0.2307	0.2076	0.1869	0.1685	0.1520	0.1372	0.1240	0.1122
13	0.2575	0.2292	0.2042	0.1821	0.1625	0.1452	0.1299	0.1163	0.1042	0.0935
14	0.2320	0.2046	0.1807	0.1597	0.1413	0.1252	0.1110	0.0985	0.0876	0.0779
15	0.2090	0.1827	0.1599	0.1401	0.1229	0.1079	0.0949	0.0835	0.0736	0.0649
20	0.1240	0.1037	0.0868	0.0728	0.0611	0.0514	0.0433	0.0365	0.0308	0.0261

○年金終価係数表　　$\dfrac{(1+r)^n - 1}{r}$

年	1%	2%	3%	4%	5%	6%	7%	8%	9%	10%
1	1.0000	1.0000	1.0000	1.0000	1.0000	1.0000	1.0000	1.0000	1.0000	1.0000
2	2.0100	2.0200	2.0300	2.0400	2.0500	2.0600	2.0700	2.0800	2.0900	2.1000
3	3.0301	3.0604	3.0909	3.1216	3.1525	3.1836	3.2149	3.2464	3.2781	3.3100
4	4.0604	4.1216	4.1836	4.2465	4.3101	4.3746	4.4399	4.5061	4.5731	4.6410
5	5.1010	5.2040	5.3091	5.4163	5.5256	5.6371	5.7507	5.8666	5.9847	6.1051
6	6.1520	6.3081	6.4684	6.6330	6.8019	6.9753	7.1533	7.3359	7.5233	7.7156
7	7.2135	7.4343	7.6625	7.8983	8.1420	8.3938	8.6540	8.9228	9.2004	9.4872
8	8.2857	8.5830	8.8923	9.2142	9.5491	9.8975	10.2598	10.6366	11.0285	11.4359
9	9.3685	9.7546	10.1591	10.5828	11.0266	11.4913	11.9780	12.4876	13.0210	13.5795
10	10.4622	10.9497	11.4639	12.0061	12.5779	13.1808	13.8164	14.4866	15.1929	15.9374
11	11.5668	12.1687	12.8078	13.4864	14.2068	14.9716	15.7836	16.6455	17.5603	18.5312
12	12.6825	13.4121	14.1920	15.0258	15.9171	16.8699	17.8885	18.9771	20.1407	21.3843
13	13.8093	14.6803	15.6178	16.6268	17.7130	18.8821	20.1406	21.4953	22.9534	24.5227
14	14.9474	15.9739	17.0863	18.2919	19.5986	21.0151	22.5505	24.2149	26.0192	27.9750
15	16.0969	17.2934	18.5989	20.0236	21.5786	23.2760	25.1290	27.1521	29.3609	31.7725
20	22.0190	24.2974	26.8704	29.7781	33.0660	36.7856	40.9955	45.7620	51.1601	57.2750
25	28.2432	32.0303	36.4593	41.6459	47.7271	54.8645	63.2490	73.1059	84.7009	98.3471
30	34.7849	40.5681	47.5754	56.0849	66.4388	79.0582	94.4608	113.2832	136.3075	164.4940

年	11%	12%	13%	14%	15%	16%	17%	18%	19%	20%
1	1.0000	1.0000	1.0000	1.0000	1.0000	1.0000	1.0000	1.0000	1.0000	1.0000
2	2.1100	2.1200	2.1300	2.1400	2.1500	2.1600	2.1700	2.1800	2.1900	2.2000
3	3.3421	3.3744	3.4069	3.4396	3.4725	3.5056	3.5389	3.5724	3.6061	3.6400
4	4.7097	4.7793	4.8498	4.9211	4.9934	5.0665	5.1405	5.2154	5.2913	5.3680
5	6.2278	6.3528	6.4803	6.6101	6.7424	6.8771	7.0144	7.1542	7.2966	7.4416
6	7.9129	8.1152	8.3227	8.5355	8.7537	8.9775	9.2068	9.4420	9.6830	9.9299
7	9.7833	10.0890	10.4047	10.7305	11.0668	11.4139	11.7720	12.1415	12.5227	12.9159
8	11.8594	12.2997	12.7573	13.2328	13.7268	14.2401	14.7733	15.3270	15.9020	16.4991
9	14.1640	14.7757	15.4157	16.0853	16.7858	17.5185	18.2847	19.0859	19.9234	20.7989
10	16.7220	17.5487	18.4197	19.3373	20.3037	21.3215	22.3931	23.5213	24.7089	25.9587
11	19.5614	20.6546	21.8143	23.0445	24.3493	25.7329	27.1999	28.7551	30.4035	32.1504
12	22.7132	24.1331	25.6502	27.2707	29.0017	30.8502	32.8239	34.9311	37.1802	39.5805
13	26.2116	28.0291	29.9847	32.0887	34.3519	36.7862	39.4040	42.2187	45.2445	48.4966
14	30.0949	32.3926	34.8827	37.5811	40.5047	43.6720	47.1027	50.8180	54.8409	59.1959
15	34.4054	37.2797	40.4175	43.8424	47.5804	51.6595	56.1101	60.9653	66.2607	72.0351
20	64.2028	72.0524	80.9468	91.0249	102.4436	115.3797	130.0329	146.6280	165.4180	186.6880
25	114.4133	133.3339	155.6196	181.8708	212.7930	249.2140	292.1049	342.6035	402.0425	471.9811
30	199.0209	241.3327	293.1992	356.7868	434.7451	530.3117	647.4391	790.9480	966.7122	1181.8816

○年金現価係数表　$\dfrac{(1+r)^n - 1}{r(1+r)^n}$

年	1%	2%	3%	4%	5%	6%	7%	8%	9%	10%
1	0.9901	0.9804	0.9709	0.9615	0.9524	0.9434	0.9346	0.9259	0.9174	0.9091
2	1.9704	1.9416	1.9135	1.8861	1.8594	1.8334	1.8080	1.7833	1.7591	1.7355
3	2.9410	2.8839	2.8286	2.7751	2.7232	2.6730	2.6243	2.5771	2.5313	2.4869
4	3.9020	3.8077	3.7171	3.6299	3.5460	3.4651	3.3872	3.3121	3.2397	3.1699
5	4.8534	4.7135	4.5797	4.4518	4.3295	4.2124	4.1002	3.9927	3.8897	3.7908
6	5.7955	5.6014	5.4172	5.2421	5.0757	4.9173	4.7665	4.6229	4.4859	4.3553
7	6.7282	6.4720	6.2303	6.0021	5.7864	5.5824	5.3893	5.2064	5.0330	4.8684
8	7.6517	7.3255	7.0197	6.7327	6.4632	6.2098	5.9713	5.7466	5.5348	5.3349
9	8.5660	8.1622	7.7861	7.4353	7.1078	6.8017	6.5152	6.2469	5.9952	5.7590
10	9.4713	8.9826	8.5302	8.1109	7.7217	7.3601	7.0236	6.7101	6.4177	6.1446
11	10.3676	9.7868	9.2526	8.7605	8.3064	7.8869	7.4987	7.1390	6.8052	6.4951
12	11.2551	10.5753	9.9540	9.3851	8.8633	8.3838	7.9427	7.5361	7.1607	6.8137
13	12.1337	11.3484	10.6350	9.9856	9.3936	8.8527	8.3577	7.9038	7.4869	7.1034
14	13.0037	12.1062	11.2961	10.5631	9.8986	9.2950	8.7455	8.2442	7.7862	7.3667
15	13.8651	12.8493	11.9379	11.1184	10.3797	9.7122	9.1079	8.5595	8.0607	7.6061
20	18.0456	16.3514	14.8775	13.5903	12.4622	11.4699	10.5940	9.8181	9.1285	8.5136
25	22.0232	19.5235	17.4131	15.6221	14.0939	12.7834	11.6536	10.6748	9.8226	9.0770
30	25.8077	22.3965	19.6004	17.2920	15.3725	13.7648	12.4090	11.2578	10.2737	9.4269

年	11%	12%	13%	14%	15%	16%	17%	18%	19%	20%
1	0.9009	0.8929	0.8850	0.8772	0.8696	0.8621	0.8547	0.8475	0.8403	0.8333
2	1.7125	1.6901	1.6681	1.6467	1.6257	1.6052	1.5852	1.5656	1.5465	1.5278
3	2.4437	2.4018	2.3612	2.3216	2.2832	2.2459	2.2096	2.1743	2.1399	2.1065
4	3.1024	3.0373	2.9745	2.9137	2.8550	2.7982	2.7432	2.6901	2.6386	2.5887
5	3.6959	3.6048	3.5172	3.4331	3.3522	3.2743	3.1993	3.1272	3.0576	2.9906
6	4.2305	4.1114	3.9975	3.8887	3.7845	3.6847	3.5892	3.4976	3.4098	3.3255
7	4.7122	4.5638	4.4226	4.2883	4.1604	4.0386	3.9224	3.8115	3.7057	3.6046
8	5.1461	4.9676	4.7988	4.6389	4.4873	4.3436	4.2072	4.0776	3.9544	3.8372
9	5.5370	5.3282	5.1317	4.9464	4.7716	4.6065	4.4506	4.3030	4.1633	4.0310
10	5.8892	5.6502	5.4262	5.2161	5.0188	4.8332	4.6586	4.4941	4.3389	4.1925
11	6.2065	5.9377	5.6869	5.4527	5.2337	5.0286	4.8364	4.6560	4.4865	4.3271
12	6.4924	6.1944	5.9176	5.6603	5.4206	5.1971	4.9884	4.7932	4.6105	4.4392
13	6.7499	6.4235	6.1218	5.8424	5.5831	5.3423	5.1183	4.9095	4.7147	4.5327
14	6.9819	6.6282	6.3025	6.0021	5.7245	5.4675	5.2293	5.0081	4.8023	4.6106
15	7.1909	6.8109	6.4624	6.1422	5.8474	5.5755	5.3242	5.0916	4.8759	4.6755
20	7.9633	7.4694	7.0248	6.6231	6.2593	5.9288	5.6278	5.3527	5.1009	4.8696
25	8.4217	7.8431	7.3300	6.8729	6.4641	6.0971	5.7662	5.4669	5.1951	4.9476
30	8.6938	8.0552	7.4957	7.0027	6.5660	6.1772	5.8294	5.5168	5.2347	4.9789

○減債基金係数表 $\frac{r}{(1+r)^n - 1}$

年	1%	2%	3%	4%	5%	6%	7%	8%	9%	10%
1	1.0000	1.0000	1.0000	1.0000	1.0000	1.0000	1.0000	1.0000	1.0000	1.0000
2	0.4975	0.4950	0.4926	0.4902	0.4878	0.4854	0.4831	0.4808	0.4785	0.4762
3	0.3300	0.3268	0.3235	0.3203	0.3172	0.3141	0.3111	0.3080	0.3051	0.3021
4	0.2463	0.2426	0.2390	0.2355	0.2320	0.2286	0.2252	0.2219	0.2187	0.2155
5	0.1960	0.1922	0.1884	0.1846	0.1810	0.1774	0.1739	0.1705	0.1671	0.1638
6	0.1625	0.1585	0.1546	0.1508	0.1470	0.1434	0.1398	0.1363	0.1329	0.1296
7	0.1386	0.1345	0.1305	0.1266	0.1228	0.1191	0.1156	0.1121	0.1087	0.1054
8	0.1207	0.1165	0.1125	0.1085	0.1047	0.1010	0.0975	0.0940	0.0907	0.0874
9	0.1067	0.1025	0.0984	0.0945	0.0907	0.0870	0.0835	0.0801	0.0768	0.0736
10	0.0956	0.0913	0.0872	0.0833	0.0795	0.0759	0.0724	0.0690	0.0658	0.0627
11	0.0865	0.0822	0.0781	0.0741	0.0704	0.0668	0.0634	0.0601	0.0569	0.0540
12	0.0788	0.0746	0.0705	0.0666	0.0628	0.0593	0.0559	0.0527	0.0497	0.0468
13	0.0724	0.0681	0.0640	0.0601	0.0565	0.0530	0.0497	0.0465	0.0436	0.0408
14	0.0669	0.0626	0.0585	0.0547	0.0510	0.0476	0.0443	0.0413	0.0384	0.0357
15	0.0621	0.0578	0.0538	0.0499	0.0463	0.0430	0.0398	0.0368	0.0341	0.0315
20	0.0454	0.0412	0.0372	0.0336	0.0302	0.0272	0.0244	0.0219	0.0195	0.0175
25	0.0354	0.0312	0.0274	0.0240	0.0210	0.0182	0.0158	0.0137	0.0118	0.0102
30	0.0287	0.0246	0.0210	0.0178	0.0151	0.0126	0.0106	0.0088	0.0073	0.0061

年	11%	12%	13%	14%	15%	16%	17%	18%	19%	20%
1	1.0000	1.0000	1.0000	1.0000	1.0000	1.0000	1.0000	1.0000	1.0000	1.0000
2	0.4739	0.4717	0.4695	0.4673	0.4651	0.4630	0.4608	0.4587	0.4566	0.4545
3	0.2992	0.2963	0.2935	0.2907	0.2880	0.2853	0.2826	0.2799	0.2773	0.2747
4	0.2123	0.2092	0.2062	0.2032	0.2003	0.1974	0.1945	0.1917	0.1890	0.1863
5	0.1606	0.1574	0.1543	0.1513	0.1483	0.1454	0.1426	0.1398	0.1371	0.1344
6	0.1264	0.1232	0.1202	0.1172	0.1142	0.1114	0.1086	0.1059	0.1033	0.1007
7	0.1022	0.0991	0.0961	0.0932	0.0904	0.0876	0.0849	0.0824	0.0799	0.0774
8	0.0843	0.0813	0.0784	0.0756	0.0729	0.0702	0.0677	0.0652	0.0629	0.0606
9	0.0706	0.0677	0.0649	0.0622	0.0596	0.0571	0.0547	0.0524	0.0502	0.0481
10	0.0598	0.0570	0.0543	0.0517	0.0493	0.0469	0.0447	0.0425	0.0405	0.0385
11	0.0511	0.0484	0.0458	0.0434	0.0411	0.0389	0.0368	0.0348	0.0329	0.0311
12	0.0440	0.0414	0.0390	0.0367	0.0345	0.0324	0.0305	0.0286	0.0269	0.0253
13	0.0382	0.0357	0.0334	0.0312	0.0291	0.0272	0.0254	0.0237	0.0221	0.0206
14	0.0332	0.0309	0.0287	0.0266	0.0247	0.0229	0.0212	0.0197	0.0182	0.0169
15	0.0291	0.0268	0.0247	0.0228	0.0210	0.0194	0.0178	0.0164	0.0151	0.0139
20	0.0156	0.0139	0.0124	0.0110	0.0098	0.0087	0.0077	0.0068	0.0060	0.0054
25	0.0087	0.0075	0.0064	0.0055	0.0047	0.0040	0.0034	0.0029	0.0025	0.0021
30	0.0050	0.0041	0.0034	0.0028	0.0023	0.0019	0.0015	0.0013	0.0010	0.0008

○資本回収係数表　　$\dfrac{r(1+r)^n}{(1+r)^n-1}$

年	1%	2%	3%	4%	5%	6%	7%	8%	9%	10%
1	1.0100	1.0200	1.0300	1.0400	1.0500	1.0600	1.0700	1.0800	1.0900	1.1000
2	0.5075	0.5150	0.5226	0.5302	0.5378	0.5454	0.5531	0.5608	0.5685	0.5762
3	0.3400	0.3468	0.3535	0.3603	0.3672	0.3741	0.3811	0.3880	0.3951	0.4021
4	0.2563	0.2626	0.2690	0.2755	0.2820	0.2886	0.2952	0.3019	0.3087	0.3155
5	0.2060	0.2122	0.2184	0.2246	0.2310	0.2374	0.2439	0.2505	0.2571	0.2638
6	0.1725	0.1785	0.1846	0.1908	0.1970	0.2034	0.2098	0.2163	0.2229	0.2296
7	0.1486	0.1545	0.1605	0.1666	0.1728	0.1791	0.1856	0.1921	0.1987	0.2054
8	0.1307	0.1365	0.1425	0.1485	0.1547	0.1610	0.1675	0.1740	0.1807	0.1874
9	0.1167	0.1225	0.1284	0.1345	0.1407	0.1470	0.1535	0.1601	0.1668	0.1736
10	0.1056	0.1113	0.1172	0.1233	0.1295	0.1359	0.1424	0.1490	0.1558	0.1627
11	0.0965	0.1022	0.1081	0.1141	0.1204	0.1268	0.1334	0.1401	0.1469	0.1540
12	0.0888	0.0946	0.1005	0.1066	0.1128	0.1193	0.1259	0.1327	0.1397	0.1468
13	0.0824	0.0881	0.0940	0.1001	0.1065	0.1130	0.1197	0.1265	0.1336	0.1408
14	0.0769	0.0826	0.0885	0.0947	0.1010	0.1076	0.1143	0.1213	0.1284	0.1357
15	0.0721	0.0778	0.0838	0.0899	0.0963	0.1030	0.1098	0.1168	0.1241	0.1315
20	0.0554	0.0612	0.0672	0.0736	0.0802	0.0872	0.0944	0.1019	0.1095	0.1175
25	0.0454	0.0512	0.0574	0.0640	0.0710	0.0782	0.0858	0.0937	0.1018	0.1102
30	0.0387	0.0446	0.0510	0.0578	0.0651	0.0726	0.0806	0.0888	0.0973	0.1061

年	11%	12%	13%	14%	15%	16%	17%	18%	19%	20%
1	1.1100	1.1200	1.1300	1.1400	1.1500	1.1600	1.1700	1.1800	1.1900	1.2000
2	0.5839	0.5917	0.5995	0.6073	0.6151	0.6230	0.6308	0.6387	0.6466	0.6545
3	0.4092	0.4163	0.4235	0.4307	0.4380	0.4453	0.4526	0.4599	0.4673	0.4747
4	0.3223	0.3292	0.3362	0.3432	0.3503	0.3574	0.3645	0.3717	0.3790	0.3863
5	0.2706	0.2774	0.2843	0.2913	0.2983	0.3054	0.3126	0.3198	0.3271	0.3344
6	0.2364	0.2432	0.2502	0.2572	0.2642	0.2714	0.2786	0.2859	0.2933	0.3007
7	0.2122	0.2191	0.2261	0.2332	0.2404	0.2476	0.2549	0.2624	0.2699	0.2774
8	0.1943	0.2013	0.2084	0.2156	0.2229	0.2302	0.2377	0.2452	0.2529	0.2606
9	0.1806	0.1877	0.1949	0.2022	0.2096	0.2171	0.2247	0.2324	0.2402	0.2481
10	0.1698	0.1770	0.1843	0.1917	0.1993	0.2069	0.2147	0.2225	0.2305	0.2385
11	0.1611	0.1684	0.1758	0.1834	0.1911	0.1989	0.2068	0.2148	0.2229	0.2311
12	0.1540	0.1614	0.1690	0.1767	0.1845	0.1924	0.2005	0.2086	0.2169	0.2253
13	0.1482	0.1557	0.1634	0.1712	0.1791	0.1872	0.1954	0.2037	0.2121	0.2206
14	0.1432	0.1509	0.1587	0.1666	0.1747	0.1829	0.1912	0.1997	0.2082	0.2169
15	0.1391	0.1468	0.1547	0.1628	0.1710	0.1794	0.1878	0.1964	0.2051	0.2139
20	0.1256	0.1339	0.1424	0.1510	0.1598	0.1687	0.1777	0.1868	0.1960	0.2054
25	0.1187	0.1275	0.1364	0.1455	0.1547	0.1640	0.1734	0.1829	0.1925	0.2021
30	0.1150	0.1241	0.1334	0.1428	0.1523	0.1619	0.1715	0.1813	0.1910	0.2008

索　引

英　数

ABC分析・・・・・・・・・・・・・・・・・・・・・・・・・・・169
CVP・・・・・・・・・・・・・・・・・・・・・・・・・・・・・・・・62
CVP分析・・・・・・・・・・・・・・・・・・・・・・・・・・・・62
CVP法・・・・・・・・・・・・・・・・・・・・・・・138, 143
DCF法・・・・・・・・・・・・・・・・・・・・・・・・・・・・・17
EOQ分析・・・・・・・・・・・・・・・・・・・・・・・・・164
EVA・・・・・・・・・・・・・・・・・・・・・・・・・・・・・・108
PDCAサイクル・・・・・・・・・・・・・・・・・・・・・・10
SWOT分析・・・・・・・・・・・・・・・・・・・・・98, 99
VE・・・・・・・・・・・・・・・・・・・・・・・・・・・・・・・206
WACC・・・・・・・・・・・・・・・・・・・・・・・・・・・105

あ　行

アイドルキャパシティー・・・・・・・・・・・・・・・59
アイドルキャパシティーコスト
　・・・・・・・・・・・・・・・・・・・・・・・・・56, 57, 58
安全性分析・・・・・・・・・・・・・・・・・・・・・20, 85
安全余裕率・・・・・・・・・・・・・・・・・・・・・・・・71
安全余裕率分析・・・・・・・・・・・・・・・・・・・・70
一般概念・・・・・・・・・・・・・・・・・・・・・・・・・・・4
インカムアプローチ・・・・・・・・・・・・・・・・・14
インタンジブルズ・・・・・・・・・・・・・・・・・209
インパクト分析・・・・・・・・・・・・・・・・98, 100
売上利益率法・・・・・・・・・・・・・・・138, 141
オペレーショナル・コントロール・・・・・3
オペレーティング・サイクル・・・・・・・193

か　行

会計基準・・・・・・・・・・・・・・・・・・・・・・・・・・・6
会社法・・・・・・・・・・・・・・・・・・・・・・・・・・・・・6
回収期間法・・・・・・・・・・・・・・116, 119, 125
外部失敗原価・・・・・・・・・・・・・・・・・・・・205
価格差異・・・・・・・・・・・・・・・・・・・・・・・・・・43
価格弾力性・・・・・・・・・・・・・・・・・・・・・・134
加重平均資本コスト・・・・・・・・・・・・・・104
活動原価会計・・・・・・・・・・・・・・・・・・・・198
活動ドライバー・・・・・・・・・・・・・・・・・・200
環境分析・・・・・・・・・・・・・・・・・・・・・98, 100
完全情報・・・・・・・・・・・・・・・・・・・・・・・・150
感度分析・・・・・・・・・・・・・・・・・・・・・・・・・70
カンパニー制・・・・・・・・・・・・・・・・・・・・・92
機会原価・・・・・・・・・・・・・・・・・・・・34, 158
期間原価・・・・・・・・・・・・・・・・・・・・・・・・・30
期間費用・・・・・・・・・・・・・・・・・・・・・・・・・30
技術測定標準・・・・・・・・・・・・・・・・・・・・・40
期待効用・・・・・・・・・・・・・・・・・・・・・・・148
期待水準・・・・・・・・・・・・・・・・・・・・・・・・・51
期待値・・・・・・・・・・・・・・・・・・・・・・・・・・147
機能別展開・・・・・・・・・・・・・・・・・・・・・・・88
キャッシュ・コンバージョン・サイク
　ル・・・・・・・・・・・・・・・・・・・・・・・・・・・・・192
キャッシュフロー計算書・・・・・・・・・・191
キャパシティー・・・・・・・・・・・・・・・・・・・50
キャパシティーコスト・・・・・・・・・・・・・50
金融商品取引法・・・・・・・・・・・・・・・・・・・6
クリティカル・パス・・・・・・・・・・・・・・・10
経済価値・・・・・・・・・・・・・・・・・・・・・・・・・・8
経済的発注量分析・・・・・・・・・・・・・・・164
経済的付加価値・・・・・・・・・・・・・・・・・108
係数表・・・・・・・・・・・・・・・・・・・・・・・・・・126
限界利益・・・・・・・・・・・・・・・・・・・・・・・・・63
原価改善・・・・・・・・・・・・・・・・・・・・・・・206
原価概念・・・・・・・・・・・・・・・・・・・・・・・・・・4
原価企画・・・・・・・・・・・・・・・・・・・・・・・206
原価性・・・・・・・・・・・・・・・・・・・・・・・・・・・35

原価責任·····················82, 91
原価センター···················83
原価対象······················26
原価統制·····················206
原価比較法···········116, 117, 122
原価標準······················38
原価要素······················29
現在価値法···········116, 121, 129
貢献利益······················63
公式法変動予算·················48
効率性分析····················20
コストアプローチ···············14
コストドライバー··············200
固定費·······················31
個別原価······················29
混合差異··················44, 46

さ行

差額原価·················34, 158
残余利益·················93, 95
時価純資産法···················15
時間差異······················43
事業部制組織··············88, 89
資金予算·····················172
資源ドライバー················200
実際原価······················33
実際達成可能水準···············51
実際達成可能標準···············40
実査法変動予算·················48
自発的原価···················205
資本回収費···················117
資本コスト················93, 94
資本予算·····················172
社会価値······················8
ジャスト・イン・タイム········207
社内金利制度···················92
社内資本金制度·················92

収益性分析···············20, 85
収益センター···················83
準固定費······················31
準変動費······················31
情報価値·····················150
職能別事業部··················89
職能別展開····················88
浸透価格················133, 136
数量差異······················43
すくい上げ価格··········133, 136
スライトダウン価格······133, 136
生産性分析···············20, 85
正常水準······················51
製造間接費····················28
製造間接費差異·················42
製造間接費実際発生額···········48
製造間接費予算許容額···········48
製造原価······················28
製造直接費····················28
製造費用······················29
成長性分析···············20, 85
製品原価······················29
製品市場分析··············98, 99
製品ミックス分析········70, 74, 75
セールスミックス差異··········176
セグメント別価格········133, 137
せり価格················133, 137
ゼロベース予算················173
線形計画法···················155
全部原価······················32
全部原価法··············138, 139
操業度差異····················43
総原価························30
総原価法················138, 140
総合原価······················29
総販売数量差異················176
組織価値······················8
損益分岐点···············65, 66

損益予算·····172

た　行

タックスシールド·····102, 103
超過収益力·····19
直接原価·····62
直接材料費差異·····42
直接労務費差異·····42
賃率差異·····43
追随価格·····133
定期発注点方式·····167
定量発注点方式·····167
投資責任·····82, 91
投資センター·····83
投資利益率·····21
投資利益率法·····116, 118, 123
特殊概念·····4
特殊原価·····34, 158
トライアングル体制·····6

な　行

内部失敗原価·····205
内部利益率法·····116, 120, 127, 128
能率差異·····43
のれん·····19

は　行

発生主義会計·····188
バランスト・スコアカード·····208
パレートの法則·····168
販売価格差異·····174
販売数量差異·····174
非原価性·····35
非自発的原価·····205
評価原価·····205

標準原価·····33, 38
標準原価計算制度·····38
標準配賦額·····48
費用センター·····83
品質原価計算·····205
フェイズアウト価格·····133, 137
付加原価·····34
部分原価·····32
プロダクトミックス·····152
平均投資額·····124
変動費·····31
法人税法·····6
ポートフォリオ分析·····98, 101
簿価純資産法·····15
補正予算·····173

ま　行

マーケットアプローチ·····14
マーシャルの安定理論·····132
埋没原価·····34, 158
マネジメント・コントロール·····3
マルチプル法·····16
未消費活動原価·····201
未消費資源原価·····201
未来原価·····34
無情報·····150
目的関数·····155
目標投資利益率法·····138, 142

や　行

予算管理·····172
予算区分·····172
予算差異·····43
予算統制·····172
予算編成·····172
予定原価·····33

予防原価…………………………205

ら 行

ライフサイクル・コスティング……204
利益図表……………………………65
利益責任…………………………82, 91
利益センター………………………83
理想標準……………………………40
理論的水準…………………………51
類似企業比較法……………………16

類似業種比較法……………………16
レバレッジ係数…………………72, 73
レバレッジ分析……………………70

わ 行

割引現在価値………………………115
割引現在価値法……………………115
割引率………………………………17
ワルラスの安定理論………………132

《著者紹介》

吉田　康久（よしだ　やすひさ）

神戸学院大学経営学部教授　博士（経営学）
1997年青山学院大学大学院経営学研究科博士後期課程標準年限修了。
九州産業大学経営学部講師・助教授・教授，ロンドン大学訪問研究員を経て，
2014年より現職。
主な業績として，『簿記原理』（単著，税務経理協会，2002年），『ABCによる原価管理研究』（単著，中央経済社，2002年），『活動原価会計の研究─ABC・ABMアプローチ』（単著，中央経済社，2011年），『原価計算基礎論』（単著，中央経済社，2012年），「組織における責任・原価センター識別観の変遷と考慮要因」（『公会計研究』（国際公会計学会）第11巻第21号，2009年），他。

管理会計基礎論

2016年10月1日　第1版第1刷発行

著　者	吉　田　康　久
発行者	山　本　　　継
発行所	㈱中央経済社
発売元	㈱中央経済グループ パブリッシング

〒101-0051　東京都千代田区神田神保町1-31-2
電話　03（3293）3371（編集代表）
　　　03（3293）3381（営業代表）
http://www.chuokeizai.co.jp/
製版／三英グラフィック・アーツ㈱
印刷／三英印刷㈱
製本／㈱関川製本所

© 2016
Printed in Japan

＊頁の「欠落」や「順序違い」などがありましたらお取り替えいたしますので発売元までご送付ください。（送料小社負担）

ISBN978-4-502-19981-3　C3034

JCOPY〈出版者著作権管理機構委託出版物〉本書を無断で複写複製（コピー）することは，著作権法上の例外を除き，禁じられています。本書をコピーされる場合は事前に出版者著作権管理機構（JCOPY）の許諾を受けてください。
JCOPY〈http://www.jcopy.or.jp　eメール：info@jcopy.or.jp　電話：03-3513-6969〉

■おすすめします■

学生・ビジネスマンに好評
■最新の会計諸法規を収録■

新版 会計法規集

中央経済社編

会計学の学習・受験や経理実務に役立つことを目的に，最新の会計諸法規と企業会計基準委員会等が公表した会計基準を完全収録した法規集です。

《主要内容》

会計諸基準編＝企業会計原則／外貨建取引等会計基準／研究開発費等会計基準／税効果会計基準／減損会計基準／自己株式会計基準／1株当たり当期純利益会計基準／役員賞与会計基準／純資産会計基準／株主資本等変動計算書会計基準／事業分離等会計基準／ストック・オプション会計基準／棚卸資産会計基準／金融商品会計基準／関連当事者会計基準／四半期会計基準／リース会計基準／工事契約会計基準／持分法会計基準／セグメント開示会計基準／資産除去債務会計基準／賃貸等不動産会計基準／企業結合会計基準／連結財務諸表会計基準／研究開発費等会計基準の一部改正／変更・誤謬の訂正会計基準／包括利益会計基準／退職給付会計基準／修正国際基準／原価計算基準／監査基準 他

会 社 法 編＝会社法・施行令・施行規則／会社計算規則

金融商品取引法編＝金融商品取引法・施行令／企業内容等開示府令／財務諸表等規則・ガイドライン／連結財務諸表規則・ガイドライン 他

関 連 法 規 編＝税理士法／討議資料・財務会計の概念フレームワーク 他

■中央経済社■